図解 建築環境工学の知識

建築環境工学の知識　編集委員会 ● 編

Ohmsha

はしがき

　近年，難関国家資格である一級・二級建築士試験の合格者数が減少傾向にあります．特に，2005年に耐震強度偽装事件が発覚して以降，受験資格が厳しくなり，受験者数はこの15年で半減し，建築士の不足へとつながっています．それを受け，建築士の人材を継続的かつ安定的に確保するため，建築士法が改正され，2020年から受験資格が緩和されました．

　現在，建築士になるために建築を学ぶ大学生・専門学校生・工業系高校生も少なくなり，建築業界は危機感を持っています．そこで，建築士をめざす学生諸君へ向けたわかりやすいテキストを作成することで，合格者数の増加への一助となることを願い，「図解　建築シリーズ」として大学・専門学校の諸先生方や経験豊富で多くの著作物のある先生方の協力のもと，出版に至りました．

　なお，「図解　建築シリーズ」のきっかけであり，1995年に初版を刊行して以来25年もの長期にわたりベストセラーとなっている「図解　建築設備の知識」（オーム社）は，多くの学生・実務者の方々にご愛読いただいて参りました．本書「図解　建築環境工学の知識」は，その「図解　建築シリーズ」のうちの一冊として，建築環境の工学的側面に焦点を当て，詳しく解説した書籍です．

　建築士試験の学科試験科目は2009年以降，従来の4科目から5科目となり「環境・設備」に関する科目が追加されました．建築と環境は，もはや切り離せないものとなっています．

　本書では，建築環境に関する用語解説に始まり，換気・伝熱・日照・日射・光・色・音・振動・腐食などの基本的な原理と構成・しくみなどを実務的な立場から，「絵とき」「図解化」でわかりやすく解説しています．また，本文中の「ここが大事！」では，一級・二級建築士試験の環境・設備部門でよく出題されているものを解説しています．ぜひ，資格取得や建築の実務に活用してください．

　最後に，本書の執筆にあたり，諸先生方の文献・資料を引用させていただきましたことを，お礼申し上げます．また，オーム社編集局の方々に並々ならぬご協力とご援助いただきましたことを，厚くお礼申し上げます．

2020 年 10 月

編集委員長　山　田　信　亮

目　　次

建築環境の用語

1章

1-1 空気・熱・光・音・水の用語と単位

　建築の環境工学を学ぶにあたって各章に出てくる用語について理解しておこう．空気から熱・光・音・水に関する用語について学ぶことにする．

空気の用語と単位

用　語	単　位	解　説
圧力	Pa	他の物体を押す力．
水蒸気（分）圧（VP）	Pa または mmHg	湿り空気中の水蒸気が示す分圧．
乾球温度（DB）	℃	乾いた感熱部を持つ温度計で測定した温度．
湿球温度（WB）	℃	感熱部を水で湿らせた布で覆った温度計で測定した温度．
相対湿度（RH）	%	関係湿度とも言い，ある空気の飽和状態における水蒸気分圧に対するある状態の水蒸気分圧の比．
絶対湿度（AH）	kg/kg（DA）[※1]	湿り空気に含まれている乾き空気 1 kg に対する水蒸気の質量．
比エンタルピー（TH）	kJ/kg（DA）	ある状態における湿り空気の保有する乾き空気中の熱量（顕熱量）と水蒸気中に含まれる熱量（潜熱量）の和（全熱量）．
比容積	m³/kg（DA）	乾き空気 1 kg 当り占める容積．
熱水分比	kJ/kg	比エンタルピーの変化量と絶対湿度の変化量との比．
露点温度（DP）	℃	空気中に含まれる水蒸気が飽和して水滴に変わるときの温度（ある空気が結露する温度）．
作用温度（OT）	℃	空気温度と平均放射温度の重み付け平均で表す．発汗の影響が小さい環境下における熱環境に関する指標である．
二酸化炭素濃度（CO₂）	%または ppm	二酸化炭素は，炭酸ガスともいい，無色，無臭で空気より重い気体．空気の清浄度の指標である．
浮遊粉じん量	mg/m³	大気中の浮遊粉じん．空気 1 m³ 中の質量．一般に直径 0.01～150 μm（マイクロメーター）程度．

> ### ここが大事！
>
> * 理想気体とボイル・シャルルの法則：「**一定量の気体の体積は圧力に反比例し，絶対温度に比例する**」ことをいう．この法則に従う気体のことを理想気体という．大気は湿り空気と呼ばれ，乾き空気と水蒸気が混合したもので理想気体として扱う．

※1　kg（DA）：空気中の乾き空気（Dry Air）の質量〔kg〕

熱の用語と単位

用　語	単　位	解　説
定圧比熱	J/(kg・K)	気体の比熱には，圧力を一定にしながら加熱したときの定圧比熱と容積を一定に保ちながら加熱したときの定容比熱がある．一般に比熱というと定圧比熱のことをいう．
顕熱	W/m²	物体の温度を上昇させるために費やされる熱量．
潜熱	W/m²	温度上昇を伴わない物体の状態変化のみに費やされる熱量．
熱伝導（率）	W/(m・K)	固体（壁体）の中を熱が高温部から低温部へ伝わる現象．熱の伝わりやすさの程度を表したもの．
熱伝達（率）	W/(m²・K)	気体（空気）から固体の表面へ，また，固体表面から気体へ熱が伝わる現象．面積に関係する．
熱貫流（率）	W/(m²・K)	熱通過率ともいい，固体（壁体）の両側の気体温度が異なるとき，高温側から低温側へ熱が通過する現象．壁体の熱の流れやすさをいう．

光の用語と単位

用　語	単　位	解　説
太陽高度	°（度）	太陽の高さを表し，太陽と地平面がなす角度．
昼光率	％	太陽の白熱の光をいい，ある点の昼光照度とそのときの全天空照度（全天空からの太陽の直射光を含まない光（天空光）の明るさ）の比．
日射（量）	W/m²	大気を透過して直接地表に到達する直達日射と，大気中の微粒子により散乱された天空全体からのふく射として地上に達する天空日射がある．
光束	lm（ルーメン）	放射束（ふく射束）を目に与える明るさの感覚によって測った量．
光度	cd（カンデラ）	光源の明るさを表す量．これは見る方向によって異なる．
照度	lx（ルクス）	単位面積当たりの入射光束をいう．
輝度	cd/m² または nt（ニト）	ある面の輝きの度合いを表す尺度で，一般に見る方向によって異なる．

ここが大事！

＊日照：**太陽ふく射の照射**（日が照っている）をいう．

＊日射：**太陽ふく射の熱効果**をもつものをいう．

＊日影：建物の日影の検討は，**冬至を基準**として行う．

音の用語と単位

用　語	単　位	解　説
音圧レベル（SPL）	dB（デシベル）	空気中の圧力の変動をいう．一般に音の強さを測定することは困難なので音圧を測定し音圧レベルで表す．
音の強さ	W/m²	音響インテンシティ（intensity：強さ）ともいい，単位面積を通して伝わるパワーをいう．
音の強さのレベル（SIL）	dB	人間の感覚は刺激の強さの対数に比例するため，音の強弱を示す方法として，人間の最低可聴音の音の強さ（人間の聞くことができる最小の音の強さ）を基準として示す．
騒音レベル	dB（A）	騒音計にはA特性とC特性があり，A特性は人間の耳で聞こえるもっとも近い騒音計の値である．
透過損失	dB	遮音の程度を表すのに透過損失を用いる． 入射音が壁や窓などによって遮音される量をいう． 遮音材料は重量があり表面が硬いこと．
周波数	Hz（ヘルツ）	振動する音波などが1秒間に向きを変える度数．

ここが大事！

＊音の三要素：**音の大きさ，高さ，音色**をいう．

＊音の合成：二つの同じ音圧レベルの音が合成された場合の**合成音は 3.0 dB だけ増加**する．

＊音の減衰：点音源の音の場合，**音源からの距離の 2 乗に反比例して音は減衰**する．

水の用語と単位

用　語	単　位	解　説
水素イオン指数	pH	水素イオン濃度を表す指標で，pH＝7 が中性，pH＜7 の場合酸性，pH＞7 の場合アルカリ性となる．
生物化学的酸素要求量（BOD）	mg/L または ppm	水中の腐敗性有機物質が微生物（好気性）によって酸化分解される際に消費される水中の酸素量で示され，水質汚濁の指標とされている．
化学的酸素要求量（COD）	mg/L または ppm	水中に含まれている有機物および無機性亜酸化物の量を示す指標で，汚濁水を酸化剤で化学的に酸化させて，消費した酸化剤の量を測定して酸素量に換算して求める．
溶存酸素（DO）	mg/L または mL/L	水中に溶解している酸素量を示したもの．
浮遊物質（SS）	mg/L	水に溶けない懸濁性物質のことで，水の汚濁度を視覚的に判断するときに用いられる．
全有機炭素（TOC）	mg/L	水中に存在する有機物に含まれる炭素の総量をいい，水中の総炭素量から無機性炭素量を引いて求める．

1-2 その他建築環境に関する用語

ここでは，よく建築士試験問題などに出題されている用語について学ぶことにする．

その他建築環境に関する用語

用　語	解　説
プルキンエ現象	その場の明るさによって，同じものを見ていても色彩が異なるように見える．
タスク・アンビエント照明	室内照明において，人や書類など照らすべき対象物（**タスク**）を照らす照明と，天井や壁や床などの周辺（**アンビエント**）を照らす照明の両方を組み合わせた照明のこと．
ZEH	（**ネット・ゼロ・エネルギー・ハウス**）断熱性能の向上や高効率設備・再生可能エネルギーの導入により，年間の一次エネルギー消費量の収支を 0（ゼロ）とすることを目指した住宅をいう．
LCA	（**ライフサイクルアセスメント**）建設から運用，解体に至る一連の過程で及ぼす様々な環境負荷を分析・評価することをいう．
LCCO$_2$	ライフサイクルを通しての二酸化炭素の総排出量を示したもの．
BEMS	（ベムス）Building Energy Management System「**ビルエネルギー管理システム**」
CASBEE	（キャスビー）Comprehensive Assessment System for Built Environment Efficiency「**建築環境総合性能評価システム**」
BELS	（ベルス）Building-Housing Energy-efficiency Labeling System「**建築物省エネルギー性能表示制度**」第三者評価機関が建築物の省エネルギー性能を評価し認証する制度．
BEI	Building Energy Index「**省エネルギー性能指標**」
ERR	Energy Reduction Rate「**設備システムの一次エネルギー消費量の低減率**」
BEE	Built Environment Efficiency「**建築物の環境性能効率**」建築物における総合的に環境性能評価の仕組みの基礎．
e マーク	Estimated sign「**省エネ基準適合認定マーク**」
ESCO	Energy Service Company「**エネルギー総合サービス事業**」
COP	Coefficient Of Performance「**成績係数**」
LAN	Local Area Network「**情報通信設備**」
PMV	Predicted Mean Vote「**予測平均温冷感申告**」温度，湿度，気流，放射の四つの温熱要素に加え，人の着衣量と作業量を考慮した温熱環境指標（人が感じる暑さ寒さの指標）のことである．
PPD	Predicted percent of Dissatisfied「**予測不快者率**」在室者が暑い寒いという感覚をもっとき，どのくらいの人（何%）がその環境に満足しているかを示す．
コージェネレーション	Cogeneration（combined heat and power）「**排熱の有効利用**」．ガスや石油などを燃料とした発電機などによって電力を作る際に生ずる排熱を給湯や冷暖房などに利用するシステムである．
ヒートアイランド現象	「**都市気候**」の代表的なものであり，都市がその周囲の郊外よりも気温が高くなる現象をいう．

解いて理解！

【問題1】 建築環境工学に関する次の用語の組合せのうち，**同じ単位で表すことのできるもの**はどれか．

1. 熱貫流率……代謝量　　2. 熱貫流率……昼光率　　3. 照度……日射量
4. 照度……音の強さ　　5. 日射量……音の強さ　　（二級建築士 H29 学科Ⅰ No.3）

【解説】 熱貫流率：$W/(m^2 \cdot K)$，代謝量：met（メット），昼光率：%，照度：lx（ルクス），音の強さ：W/m^2，日射量：W/m^2　よって，**音の強さと日射量が同じ**である．　　　　　　　【解答】（5）

【問題2】 建築物の環境負荷に関する次の記述のうち，**最も不適当なもの**はどれか．

1. CASBEE（建築環境総合性能評価システム）は，建築物の環境性能について，建築物における環境品質と省エネルギー性能の二つの指標により評価するものである．
2. 大気中の二酸化炭素濃度の上昇は，ヒートアイランド現象の直接的な原因とはならない．
3. 暖房デグリーデーは，ある地域の統計上の日平均外気温と暖房設定温度との差を暖房期間で積算したものであり，暖房エネルギー消費量の予測に使われる．
4. ZEH（ネット・ゼロ・エネルギー・ハウス）は，断熱性能の向上や高効率設備・再生可能エネルギーの導入により，年間の一次エネルギー消費量の収支を0（ゼロ）とすることを目指した住宅である．
5. 建築物におけるLCA（ライフサイクルアセスメント）は，建設から運用，解体に至る一連の過程で及ぼす様々な環境負荷を分析・評価することをいう．

（二級建築士 R01 学科Ⅰ No.10）

【解説】 CASBEEは，省エネルギー，環境負荷削減，室内の快適性，景観への配慮などの指標で建築物性能を総合的に評価するものである．　　　　　　　【解答】（1）

【問題3】 建築環境工学に関する次の記述のうち，**最も不適当なもの**はどれか．

1. BOD（生物化学的酸素要求量）は，空気汚染を評価する指標の一つである．
2. 残響時間は，音源から発生した音が停止してから，室内の平均音圧レベルが60 dB低下するまでの時間をいう．
3. PMV（予測平均温冷感申告）は，温度，湿度，気流，放射の四つの温熱要素に加え，人の着衣量と作業量を考慮した温熱環境指標のことである．
4. 建築物の$LCCO_2$は，ライフサイクルを通しての二酸化炭素の総排出量を示したものである．
5. 対流熱伝達は，壁面などの固体表面とそれに接している空気との間に生じる熱移動現象のことである．　　　　　　　　　　　　　　　　（二級建築士 H30 学科Ⅰ No.3）

【解説】 BODは，**水質汚濁を評価する指標**の一つである．　　　　　　　【解答】（1）

人間や建物に影響する環境

2章

2-1 大気と室内環境

　人間の生活環境としては，空気中に含まれる酸素・粉じん・有害ガスなどの空気環境，空気の温度・湿度・気流などの温熱環境，生活に必要な上下水道などに関する水環境，音に関する騒音・振動などによる音環境がある．

　まずは，空気環境について学ぶことにする．

空気の成分

　空気の成分は，表2・1のようになっている．

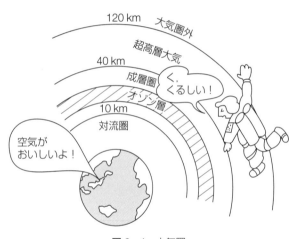

図2・1　大気圏

表2・1　空気の成分

	成　　分	容積比（%）
N$_2$	窒　　素	78.06
O$_2$	酸　　素	20.95
Ar	アルゴン	0.93
CO$_2$	二酸化炭素	0.04
Ne	ネオン	1.8×10^{-3}
He	ヘリウム	5.2×10^{-4}
CH$_4$	メタン	2.0×10^{-4}
Kr	クリプトン	1.0×10^{-4}
N$_2$O	一酸化二窒素	5.0×10^{-5}
H$_2$	水　　素	5.0×10^{-5}
Xe	キセノン	8.0×10^{-6}
O$_3$	オ ゾ ン	1.0×10^{-6}

　酸素は大気中に約21%存在し，人間は呼吸作用によって吸収して生命を維持している．肺の中に空気を送り込み，血液中に酸素を吸収している．成人1回の呼吸は400〜500 cc（安静時）といわれている．しかし，酸素含有率が19%以下の酸欠空気では呼吸が深くなり，6%以下では数分間で死に近づくとされている．また，燃料においては，水素ガス1 m^{3}を完全燃焼させるのに0.5 m^{3}の酸素が必要である．空気中の酸素濃度が19%以下になると，不完全燃焼が始まる．一酸化炭素の発生量が急激に増加し，15%以下になると消火する．

　成層圏の中にオゾン層と呼ばれる層があり，近年，フロンガスにより破壊されている．また，二酸化炭素濃度が0.04%（400 ppm[※1]）ともいわれている．その結果，地球が温暖化し北極南極の氷が溶け水没する島が出てきている．また，紫外線が直接人間に当たり，皮膚癌などになる恐れがある．

※1　ppm（ピーピーエム）：parts per million の略．百万分率．100万分の1が1 ppm．

大気の環境（大気中の汚染物質）

大気汚染は，自動車の燃料燃焼の結果から排出される一酸化炭素（CO），窒素酸化物（NO_X），炭化水素（HC），光化学オキシダントなどによるものと，建物や工場から排出される硫黄酸化物（SO_X），窒素酸化物（NO_X），浮遊粒子状物質（ばいじん，粉じん，黒煙）などが汚染の原因である．

一酸化炭素（CO）

大気中での**一酸化炭素**は，多くは自動車の排出ガスである．ガソリンや軽油の主成分は炭素と水素であり，その炭素と水素を燃焼させることによって生成され，一酸化炭素（CO）や炭化水素（HC）などとなり，これらの排気ガスが生物などに悪影響を及ぼしている．近年は，自動車排出ガスの規制が強化されたことや，電気自動車の開発により大きく減少してきた．

硫黄酸化物（SO_X）と窒素酸化物（NO_X）

硫黄酸化物（SO_X）は化石燃料（重油，石炭など）を燃焼させたときに燃料に含まれる硫黄分（S）が酸化し生成される．**窒素酸化物（NO_X）**は化石燃料の燃焼過程で，燃料中の窒素（N）や空気中の窒素が酸化し生成される．NO_X は低温燃焼時よりも高温燃焼時の方が多く発生する．大気中の SO_X や NO_X は酸性雨（pH 5.6 以下の雨や雪）となって森林や湖沼の生物に悪影響を与える．

光化学オキシダント（Photochemical Oxidant）

有機溶剤や石油などの揮発性有機化合物が発散されると，その中に含まれる炭化水素が大気中の窒素酸化物（NO_X）と太陽の紫外線の作用で**光化学オキシダント**が生成される．光化学オキシダントは，人体に対し喉や鼻の痛みといった症状をもたらす（図2・2）．

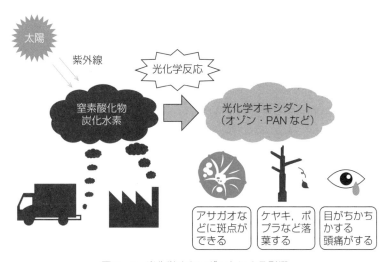

図2・2 光化学オキシダントによる影響

浮遊粒子状物質（SPM：Suspended Particulate Matter）

大気中の浮遊粉じんのうち，$10 \mu m$[※2] 以下のものを**浮遊粒子状物質**といい，空気の乾燥により舞い上がりやすく増大する．浮遊時間が長いもので，日射などに影響し，人体に与える害も大きい，また，浮遊粉じんには病原性の細菌やカビが付着している場合があり，呼吸器系に対して害を及ぼす．また，降下煤じんは，浮遊粉じんのうち，重力や雨によって降下するもので，不完全燃焼では煤じん量も多くなる．

室内の環境（室内空気中の汚染物質）

室内の空気は，人間が呼吸をして二酸化炭素（炭酸ガス）を吐く物質や，新築や改装のときに建材や接着剤などから発生する揮発性物質などが原因で汚染される．

二酸化炭素（CO_2）

二酸化炭素は，無色・無臭で空気より重い気体（空気に対する比重 1.53）で，人間の呼吸における発生量は，呼気量の約 4 %（容積率）である．二酸化炭素は低濃度では人体に有害ではないが高濃度になると悪影響を及ぼす．室内の CO_2 濃度は，人間の呼気によって増加するので空気清浄度の悪化の目安とされている．

一酸化炭素（CO）

喫煙や燃焼器具の不完全燃焼で発生する**一酸化炭素**は，無色・無臭で空気より軽い気体（空気に対する比重 0.97）である．一酸化炭素は人体にとって有害で，血液中のヘモグロビンと結合して器官への酸素供給を妨げ中毒症状を引き起こすため，火を扱う室などは厳しく規制されている．

ホルムアルデヒド（HCHO）

建物内における**ホルムアルデヒド**の発生源は，建材，家具，調度品の原材料・接着剤などがある．また，タバコの煙や燃焼ガスにも含まれるホルムアルデヒドは，化学物質過敏症やシックハウス症候群などの原因物質で，低濃度の場合でも長い時間継続して被爆すると過敏症となり人体に害を及ぼす．2〜3 ppm で鼻目への刺激，4〜5 ppm で涙，30〜50 ppm では浮腫，肺炎を起こし，100 ppm 程度以上になると死にいたることもある．ビル衛生管理法では，ホルムアルデヒドの量を $0.1 \mathrm{mg/m^3}$（0.08 ppm）以下としている．

揮発性有機化合物（VOC：Volatile Organic Compounds）

揮発性有機化合物は，常温で蒸発する有機化合物の総称でその種類は多い．発生源は，建材，家具・調度品の原材料接着剤，塗料など，石油ストーブなどの開放型燃焼器具喫煙などからも発生する．厚生労働省では個々の揮発性有機物質（VOC）の室内濃度指針値と複数の揮発性物質の混合物（TVOC）の濃度レベルの暫定目標値が定められている．

※2　μm（ミクロン：マイクロメートル）$1 \mu m = 1/1000 \mathrm{mm}$.

室内空気の環境基準

人間が生活する**室内空気**は，時間とともに汚染され，快適性や健康の保全または作業能率に悪影響を及ぼすため，空気調和設備を設置することになるが，建築基準法施行令では表2・2に示した項目についてそれぞれ許容値が定められている．

表2・2 室内環境基準

温　度	17〜28℃（冷房時は外気温度との差を7℃以下にする）
相対湿度	40〜70%
気流速度	0.5 m/s 以下
浮遊粉じんの量	0.15 mg/m³ 以下
二酸化炭素の含有量	0.1%（1000 ppm）以下
一酸化炭素の含有量	0.001%（10 ppm）以下
ホルムアルデヒド	0.1 mg/m³ 以下

オゾン層破壊と地球温暖化

オゾン層破壊とフロン冷媒

大気の成層圏に存在する**オゾン層**は，太陽光からの有害な紫外線を吸収して地上の生物を守っている．しかし，フロン冷媒などの放出によってオゾン層が破壊され，有害な紫外線が増すと皮膚癌や白内障などといった障害をもたらす．フロン冷媒の中でも特に塩素（Cl）を含んだ**CFC**（クロロフルオロカーボン）系（R12，R502など）はオゾン層破壊係数が大きいので，**特定フロン**として全廃された．

ルームエアコンやパッケージエアコンに使用されている**指定フロン**（HCFC：ハイドロクロロフルオロカーボン（R22など））は，CFCに比べオゾン層への影響は少ないとされているが，**オゾン層破壊係数が0（ゼロ）ではないため**2020年に補充用を除き禁止されていた．しかし，モントリオール議定書で2029年末まで特例で生産が認められている．

また，**代替フロン**としては，まったく塩素の含まれていないオゾン層破壊係数が0の**HFC**（ハイドロフルオロカーボン）系（R32，R125など）が使用されているが，地球温暖化係数（GWP）が高いため普及していないのが現状である．

地球温暖化と温室効果ガス

太陽からの日射より加熱された地表面から放射される遠赤外線は，大気中のCO_2などの**温室効果ガス**に吸収されるCO_2濃度が増加すると気温が上昇し**地球温暖化**となり気候変動などによる様々な悪影響を及ぼすことが懸念され，京都議定書（1997年）において，温室効果ガスとして二酸化炭素（CO_2），メタン（CH_4），一酸化二窒素（N_2O），ハイドロフルオロカーボン（HFC），パーフルオロカーボン（PFC），六フッ化硫黄（SF_6）の6種類を定められた．

HFC系の代替フロンは，オゾン層破壊係数は0であるが，**地球温暖化**に与える影響は極めて大きい．そのため，オゾン層破壊係数および**地球温暖化係数が0（ゼロ）**であるアンモニア，炭化水素などの**自然冷媒**が見直され，冷凍・冷蔵空調の冷媒として採用されている．

日射と温熱環境

　太陽から地球や建物に直接日が当たり，その熱によって人間や建物に影響してくる．ここでは，日照や日射による温熱環境の重要な用語ついて学ぶことにする．

直達日射と天空日射

　大気を透過して直接地表面に到達する日射を**直達日射**といい，大気中の微粒子により散乱され天空全体からの放射として地上に達する日射を**天空日射**という（図2·3）．

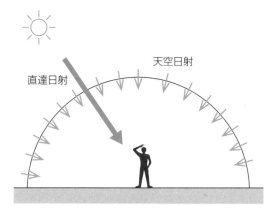

図2·3　直達日射と天空日射

大気透過率

　太陽の直達日射の強さと太陽定数との比率で，大気中の水蒸気量や塵や埃などの影響を受ける．一般に夏期は，冬期より湿度が高く，水蒸気量が多くなるため**大気透過率**が小さくなる．
　太陽からの日射は電磁波として地上に到達しているその主な成分と波長を分類すると表2·3のようになる．

日射の成分

　日射は電磁波として地上に到達しており，その波長により成分が異なる．日射の成分を表2·3に示す．

表2·3　主な日射の成分

成　分	波　長	効　果
紫外線	$20 \sim 400$〔10^{-9} m〕	日射の約 $1 \sim 2\%$ の分布で，化学作用が強く，細胞の促進，**殺菌作用**，日焼けなど健康上に深い関係をもっている．
可視光線	$400 \sim 760$〔10^{-9} m〕	日射の約 $40 \sim 45\%$ 分布で，人間の網膜を刺激して視覚を与える．
赤外線	$760 \sim 4 \times 10^{5}$〔10^{-9} m〕	日射の約 $53 \sim 59\%$ 分布で，熱線とも呼ばれ，**熱効果**がある．

人体と温熱指標

人体の暑さ，寒さを感じる熱的要素には，温度，湿度，気流，放射熱のような環境側の要素と，着衣量や作業状態（代謝量）の人間側の要素がある．

人体の代謝

代謝と**基礎代謝**…生体内に現れる物理的・化学的な変化（生命現象）を代謝といい，生命維持のために必要な最小限の代謝量を基礎代謝量という．

$$エネルギー代謝率（RMR：Resting\ Metabolic\ Rate）＝\frac{作業時代射量－安静時代謝量}{基礎代謝量}$$

温熱環境指標

❶ **温度**（temperature：単位℃）：冷温の度合いを表す指標である．温度には，乾球温度と湿球温度があり，測定には，オーガスト式乾湿球温度計やアスマン通風乾湿計（図2・4）がある．
- **乾球温度**（dry-bulb）：℃（DB）といい，棒状ガラス温度計で測る空気の温度（気温）をいう．
- **湿球温度**（wet-bulb）：℃（WB）といい，感熱部（アルコールの入った球部）を水で湿らせた布で覆った温度計で測定した温度をいう．

  乾球温度と湿球温度の差によって相対湿度〔％〕がわかる．
❷ **湿度**（humidity）：湿度というと，一般的にいうと**相対湿度**（％：relative humidity）という．

  測定する空気1kg中の水蒸気分圧と，その空気と同じ温度の飽和水蒸気分圧（100％）との比率を表したものである．

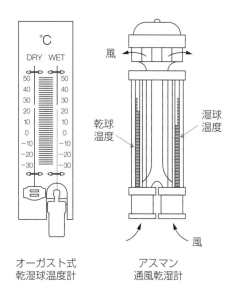

オーガスト式
乾湿球温度計

アスマン
通風乾湿計

図2・4 乾湿球温度計

❸ **気流**：空気（気体）の流れをいう．
❹ **有効温度**（ET：effective temperature）：アメリカのヤグロー氏らによって考案されたもので，温度，湿度，気流の三つの影響による体感を，温度の値で表したものである．温度や湿度の測定器具としては，アスマン通風乾湿計やオーガスト式乾湿計などがあり，気流速度の測定にはカタ温度計などが用いられる．
❺ **修正有効温度**（CET：corrected effective temperature）：有効温度に放射熱の影響を加えたもので，温度，湿度，気流，放射熱の四つの影響による体感を表したものである．放射の測定には，グローブ温度計が用いられる．
❻ **新有効温度**（ET*）：温度，湿度，気流，放射熱に人間側の着衣量と代謝量を加え，六つの要素をもとに，現実の環境条件に近づけて評価したものである．

❼ **放射熱（ふく射熱）**：物体（壁・床など）に吸収された熱が，その物体の温度上昇に使われた放射エネルギーをいう．

❽ **clo（クロ）**：衣服の熱絶縁性を表す（着衣量）単位で，何も着ていないときを 0 clo としている．標準的な背広上下を着たときが 1 clo に相当する（図 2·5）．

代表的な着衣の状態とクロ（clo）の値

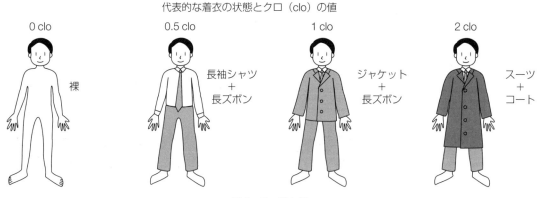

図 2·5 着衣量

❾ **met（メット）**：代謝量を表す単位で，人間（成人）の安静時における単位体表面積当たりの代謝量を $58 \text{ W/m}^2 = 1 \text{ met}$ としている．座位状態がおよそ 1 met である（図 2·6）．

人体の単位体表面積あたりの代謝量

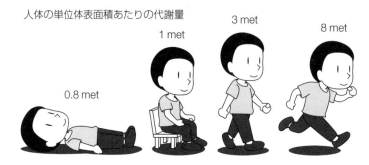

図 2·6 代謝量

❿ **予測平均温冷感申告（PMV：predicted mean vote）**：温度，湿度，気流，放射熱，着衣量，代謝量の六つの要素がどのような複合効果をもつかを評価する指標で，大多数の人が感じる温冷感が，＋3 から−3 までの 7 段階の数値で表される．

⓫ **予測不快者率（PPD：predicted percentage of dissatisfied）**：在室者が暑い寒いという感覚をもつとき，どのくらいの人がその環境に満足しているかを示すもので，PMV が 0 に近くなるに従って PPD も減少する．

⓬ **平均放射温度（MRT：mean radiant temperature）**：グローブ温度，室温，気流速度計測値から概算で求められる．

⓭ **等価温度（EW：equivalent warmth）**：周囲の壁からの放射と空気温度を総合的に評価したもので，実用的にはグローブ温度計より求められる値となる．

⓮ **作用温度（OT：operative temperature）**：乾球温度，気流，周囲の壁からの放射熱を総合的に考慮した温度で，実用的には周壁面の平均温度と室内温度の平均で表される．

2-3 生活に必要な水環境

　きれいな水は，飲料水や生活水として必要なものである．とくに飲料水は，人が生命を保つために不可欠なものである．詳細については，2編にて学ぶことにする．

水と健康

　人が生理的に必要とする1日の水分摂取量は約1.5Lである．通常の食事で水分摂取した場合は1日で1〜2Lの尿を排泄し，多くの場合は3L以上になる場合もある．摂取する水分量が少なければ尿量も少なくなる．また，尿量が少なくなってくると，尿に溶解して体外に排泄される老廃物が体内に蓄積され，高窒素血症や尿毒症などの健康障害を起こすことがあるため，最低でも成人の場合で1日0.4〜0.5Lの尿の排泄が必要といわれている．

　体液の主成分は**水**で，その他，ナトリウム（Na）イオン，カリウム（K）イオン，カルシウム（Ca）イオンなどの電解質とブドウ糖，タンパク質，尿酸などの非電解質から成り立っている．健常な一般成人における体内の水分量（体液量）は，体重の50〜70%である．

　年齢からみると，小児が生理的に必要とする水分量は，体重当たりに換算すると成人の3〜4倍になり，加齢とともに水分割合は少なくなる．また，一般に，体重当たりの体内水分量は，女性のほうが男性より少ない．

細胞内液は体液に含まないことが多く，細胞外液は，血液やリンパ液，血管の外の細胞間を満たす組織液，および体腔内の体腔液（たいくうえき）などが含まれている．

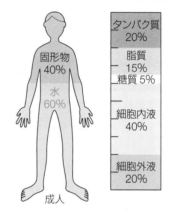

図2・7　細胞内液と細胞外液

生活と水質

　水道事業では，供給する水の衛生，安全性を確保するため，良質の水源を必要とする．水質に関する健康障害の原因となる**水の汚染**には，病原生物による水の汚染，化学物質による水の汚染がある．水質については，環境基本法に基づく水質汚染に係る環境基準の「人の健康の保護に関する環境基準」，水質汚濁防止法に基づく「人の健康に係る有害物質の排水基準」，水道法に基づく「水道水の水質基準」で定められている．

ここが大事！

＊**水道水の消毒**：水道水（飲み水）は，末端の水栓において，**遊離残留塩素を0.1 mg/L**（結合残留塩素の場合0.4 mg/L）以上保持するように塩素消毒をするよう決められている．

2-4 騒音・振動と音環境

　私たちは，いつも音や振動に囲まれて生活をしている．音がない生活というものは考えられない．ただし，過度の騒音や振動は健康を害する．騒音は，人間に不快感を与える音をいい，振動も，人間に不快感を与える揺れをいう．詳細については，2編にて学ぶことにする．

騒音と健康への影響

　騒音には，交通機関の騒音（変動の激しい音），工場などからの騒音（長く続く音や大きな音），その他の生活上の騒音など（純音性の音，聞き慣れない音，周囲の音より大きな音など）があげられ，このような音は，会話や安眠を妨げ，人々の生活において生理的，心理的悪影響を及ぼす．不快感音の影響によって，血圧の上昇，食欲減退，聴覚の損傷，作業能率の低下などが起こる場合がある．

騒音性難聴（職業性難聴）

　騒音に慢性的に曝露されているうちに進行する難聴のことを**騒音性難聴**といい，耳閉感，耳鳴りなどの症状が現れる．騒音職場などの健康診断では，オージオメータで 1000 Hz と 4000 Hz の聴力レベルが測定される．騒音性難聴の初期の特徴としては，約 4000 Hz 付近での聴力低下，いわゆる C^5dip（ディップ）と耳鳴りなどがあげられる（図2・8）．

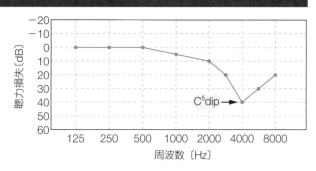

図2・8　騒音性難聴初期の特徴

振動と人体への影響

　人は，皮膚や内臓，関節などにある知覚神経末端受容器により**振動**を感じ取り，その感覚は振動する周波数によって異なる．全身振動は，鉛直振動と水平振動に分けて評価される．一般に，振動障害を受けるときは強い鉛直振動である場合が多く，たとえば交通車両の運転業務により受ける振動障害は，強い鉛直振動によるものである．三半規管の感覚は，全身に振動を受けた場合，加速度の知覚に関係し，体の姿勢によっても異なる．

　振動による人体への影響として，全身振動では不快感や不安感，疲労感を覚え，100 dB 以上の強い振動で，呼吸数の増加，血圧上昇，胃腸の働きの抑制，自律神経系，内分泌系への影響がみられる．また，局所振動の多くは手腕振動障害で，レイノー症候群（白ろう病）による指の末梢循環障害，手首，ひじの筋肉や関節障害，手や腕の感覚運動神経障害などがある．

振動感覚閾値

振動の感覚や反応を起こさせるのに必要な，強度や刺激などの量をいう．

解いて理解！

【問題1】　建築環境工学に関する次の記述のうち，**最も不適当なもの**はどれか．
1. 同じ体積の場合，容積比熱が大きい材料は，容積比熱が小さい材料に比べて，温めるのに多くの熱量を必要とする．
2. 照度は，受照面における単位面積当たりに入射する光束である．
3. NC 値は，室内騒音を評価する指標の一つである．
4. クロ（clo）値は，衣服の断熱性を表す指標であり，人の温冷感に影響する要素の一つである．
5. 蛍光ランプなどの照明器具から発生する熱は，潜熱である．

（二級建築士　R 01　学科Ⅰ　No. 3）

【解説】　蛍光ランプなどの照明器具から発生する熱は，**顕熱**である．　　　【解答】　(5)

【問題2】　室内の温熱・空気環境に関する次の記述のうち，**最も不適当なもの**はどれか．
1. 予測平均温冷感申告（PMV）は，主に均一な環境に対する温熱快適指標であることから，不均一な放射環境や上下温度分布が大きな環境に対しては，適切に評価できない場合がある．
2. 中央管理方式の空気調和設備を設ける居室においては，浮遊粉じんの量を概ね 0.15 mg/m³ 以下とする．
3. 室内の酸素濃度が 18% 近くに低下した場合，人体に対しては生理的に大きな影響を与えにくいが，開放型燃焼器具の不完全燃焼をもたらすおそれがある．
4. 平均放射温度（MRT）は，室温によらず，グローブ温度および気流速度の計測値から概算で求められる．

（一級建築士　H 29　学科Ⅱ　No. 2）

【解説】　MRT は，グローブ温度計による放射（ふく射）温度，**温度（室温）**，気流速度の測定値から概算で求められる．　　　【解答】　(4)

【問題3】　室内の空気汚染に関する次の記述のうち，**最も不適当なもの**はどれか．
1. 空気汚染の原因となるもので，人体を発生源とするものとしては，二酸化炭素，体臭などである．
2. 乾燥大気中の二酸化炭素の体積比は，およそ 0.04%（400 ppm）である．
3. 一般の室内における二酸化炭素濃度の許容量は，0.1%（1000 ppm）である．
4. 不完全燃焼で発生する一酸化炭素は，無色無臭の有毒ガスである．
5. 一酸化炭素濃度の許容値は，0.05%（500 ppm）である．

【解説】 一酸化炭素（CO）濃度の許容値は，0.001%（10 ppm）以下である（p. 11 表2·2 参照）.

【解答】 （5）

【問題4】 環境工学における用語に関する次の記述のうち，**最も不適当なもの**はどれか.
 1. 等価騒音レベルは，聴感補正された音圧レベルのエネルギー平均値であり，一般に，変動する騒音の評価に用いられる.
 2. プルキンエ現象は，視感度の相違によって，明所視に比べ暗所視において，赤が明るく，青が暗く見える現象である.
 3. 空気齢は，流入口から室内に入った所定量の空気が，室内のある地点に到達するまでに経過する平均時間である.
 4. 作用温度（OT）は，一般に，発汗の影響が小さい環境下における熱環境に関する指標として用いられ，空気温度と平均放射温度の重み付け平均で表される.

（一級建築士 R 01 学科Ⅱ No. 1）

【解説】 プルキンエ現象は，視感度の相違によって，明所視に比べ暗所視において，**青色が明るく，赤色が暗く**見える現象である.

【解答】 （2）

【問題5】 採光に関する次の記述のうち，**最も不適当なもの**はどれか.
 1. 形，面積，材質が同じ窓の場合，天窓は，側窓より採光上有利である.
 2. 昼間の室内照度分布の変動は，北向き側窓による採光よりも，南向き側窓による採光のほうが大きい.
 3. 冬期の場合，北向き側窓による採光は，薄曇りの時より快晴時のほうが大きくなる.
 4. ブラインドは，室内の照度を均一化する効果がある.
 5. 窓の大きさ・位置などは，昼光率を変化させる要素である.

【解説】 冬期の場合，北向き側窓による採光は，**薄曇りの時のほうが**光を乱反射や拡散によって大きくなる.

【解答】 （3）

【問題6】 音に関する次の記述のうち，**最も不適当なもの**はどれか.
 1. 吸音力とは，材料の吸音率にその面積を乗じたものをいう.
 2. 重い壁体ほど，一般に，遮音性能が優れている.
 3. 室内騒音の許容値は，住宅よりも室内スポーツ施設のほうが低い.
 4. 残響時間は，室容積に比例する.
 5. 気密性の高い窓は，外部騒音を防ぐのに有効である.

【解説】 室内騒音の許容値は，**住宅のほうが低い**. 住宅の室内騒音の許容値は，35〜40 dB（A），室内スポーツ施設では 55〜65 dB（A）である.

【解答】 （3）

換　気

1章

1-1 換 気

　室内で，臭気や塵埃，有毒ガス，熱気などが増えて空気が汚れていくと，室内にいる人間は不快感で，在室できない状態になる．換気は自然や機械によって，室内の空気と外気を入れ替えることで，室内の空気を衛生的に良好な状態に保つことができる．

建築の室内環境基準

　建築基準法や建築物環境衛生管理基準では，**建築の室内環境基準**として表1・1が定められている．

　これは，不特定多数の居住者を対象としたものであり，労働環境の基準値よりも低く，厳しい値で設定したものである．

表1・1　建築の室内環境基準

温　度	17～28℃（冷房時は外気温度との差を7℃以下にする）
相対湿度	40～70%
気流速度	0.5 m/s 以下
浮遊粉じんの量	0.15 mg/m³ 以下
二酸化炭素の含有量	0.1%（1000 ppm）以下
一酸化炭素の含有量	0.001%（10 ppm）以下
ホルムアルデヒド	0.1 mg/m³ 以下

室内空気の汚染

　室内の空気は，人から水蒸気（発熱・呼吸・発汗），二酸化炭素（CO_2），体臭や燃焼器具などから出る一酸化炭素（CO）・二酸化炭素・粉じん・有毒ガス・埃・カビ・ダニ死骸などで汚染されています．多くの人は外気の汚染には注意を払いますが，室内の空気がどのくらい汚染されているかには比較的無頓着です．

表1・2　室内の発生源と汚染物質

発　生　源	室内空気の汚染物質
灯油使用の暖房機器，ガス，ガス調理器	一酸化炭素（CO）
タバコの煙，暖炉	二酸化炭素（CO_2）
	二酸化窒素（NO_2）
灯油使用の暖房機器	二酸化硫黄（SO_2）
灯油使用の暖房機器，ガス，暖炉，タバコの煙	粉じん
殺虫剤，殺菌剤，消毒剤，シロアリ駆除剤	薬剤
香水，接着剤，ワックス，塗料，整髪剤	揮発性有機化合物（VOC）

1-2 自然換気

　窓を開けて室内空気を入れ替える場合，室内外の圧力差を利用した風力換気と，室内外の温度差（空気の密度の違い）を利用した温度差換気がある（図1・1，図1・2）．

風力換気と温度差換気

　風力換気，**温度差換気**は，窓やガラリなどの開口部から自然な状態で換気が行われるので，直接外気に開放された開口部を大きくする必要がある．風力換気は，換気量の変動が大きく，温度差換気は，比較的安定した換気量となる．

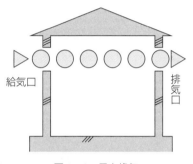

図1・1　風力換気

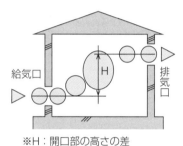

※H：開口部の高さの差

図1・2　温度差換気

風力換気の特徴

❶　自然換気で空気が流れるには，建物開口部の前後で圧力差がなければ自然換気とはならない．
❷　圧力差は，壁面に当たる風上が正圧，風下が負圧になることで発生する．
❸　壁面に大きな開口部を1か所設置するより，2か所に分けて対向壁に向かい合わせて設ける．
❹　風向きに直角な入口と出口を設けると最も有効となる．

風による圧力差

　建物壁面の開口部前後に**圧力差**がある場合，圧力の高い方から低い方に空気が流れ，このとき通過する換気量は次式となる（図1・3）．

$$Q_p = \alpha A \sqrt{\Delta P \frac{2}{\gamma}}$$

ここに， Q_p：換気量〔m³/s〕

α：流量係数

γ：空気の密度（≒1.2 kg/m³）

A：開口部の面積〔m²〕

ΔP：内外の圧力差〔Pa〕

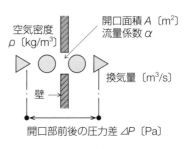

図1・3 風圧力差による換気

※自然換気量は，1秒間当たりの換気量〔m³/s〕となる．

1時間当たりの場合〔m³/h〕＝〔m³/s〕×3600

※上記式で，α の流量計数は，開口部の形状によって異なり表1・3に示す．

表1・3 流量係数 α

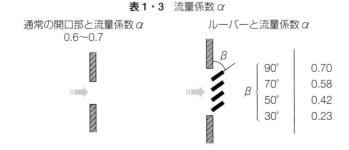

風圧係数

建物外壁に風が当たると，風上側は圧縮力が，風下側と側面には引張り力が働き，室内圧と両側の外気との間には**圧力差**が起きる．風圧係数はどの程度の力が壁面にかかっているかを表す係数をいう．

これらの力の分布は，建物の形状により異なるため，自然風を模擬した風を発生させ，縮尺模型と各種センサーを用いて，風洞模型実験で求められる（図1・4）．

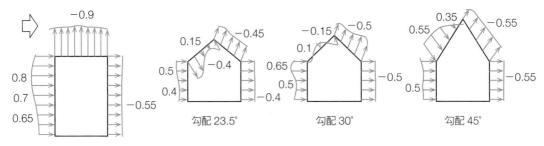

図1・4 風圧係数（断面分布参考例）

風による換気量

風による換気量は，次式となる（図1・5）.

$$Q_w = \alpha \cdot A \cdot v \sqrt{C_1 - C_2}$$

ここに，Q_w：換気量〔m³/s〕，α：流量係数

A：開口部の面積〔m²〕，v：風速〔m/s〕

C_1：風上側風圧係数

C_2：風下側風圧係数

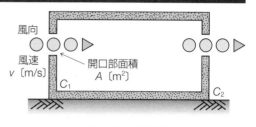

図1・5　風力換気

温度差による換気

❶　風とは関係なく，建物内外の温度差による圧力差を利用した換気である.

❷　温度差と空気重量の差は，比例の関係より，温度の高い空気は**軽く**，低い空気は**重く**なる.（図1・6）

❸　建物の上と下に給気口と排気口を設けることで，**中性帯**[*1]が発生する.

❹　中性帯の特徴は，上部に大きな開口部を設けると中性帯は上に移り，下部に大きな開口部を設けると中性帯は下に移る.これは，大きい開口部により室内と室外の圧力差が小となるため（図1・7）.

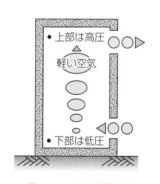

図1・6　空気重量の差

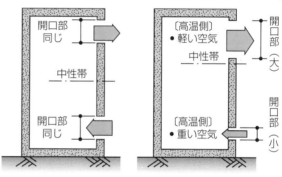

図1・7　中性帯

温度差による換気量

建物の内外に温度差があると，空気の密度の差によって浮力による圧力差が生じ換気が行われる.**温度差による換気量**は，次式となる（図1・8）.

$$Q_t = \alpha A \sqrt{2gh \frac{t_i - t_o}{T_i}} = \alpha A \sqrt{2gh \left(\frac{t_i - t_o}{273 + t_i} \right)}$$

ここに，Q_t：換気量〔m³/s〕，A：開口部の面積〔m²〕

α：流量係数，g：重力の加速度（＝9.8 m/s²）

h：開口部の高低差〔m〕

t_i：室内気温〔℃〕，t_o：室外気温〔℃〕

T_i：室内絶対温度＝273＋t_i℃

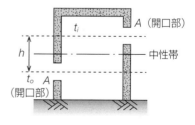

図1・8　温度差による換気

※1　中性帯：室内で，屋外と室内の圧力差がゼロになる高さのこと.

解いて理解！

【問題1】　外気温度5℃，無風の条件の下で，図のような上下に開口部を有する断面の建築物A・B・Cがある．室内温度がいずれも18℃に保たれ，上下各々の開口面積がそれぞれ0.4 m²，0.6 m²，0.7 m²，開口部の中心間の距離がそれぞれ4 m，2 m，1 mであるとき，建築物A・B・Cの換気量 Q_A・Q_B・Q_C の大小関係として，正しいものは，次のうちどれか．ただし，いずれの開口部も流量係数は一定とし，中性帯は開口部の中心間の中央に位置するものとする．なお，$\sqrt{2} ≒ 1.4$ として計算するものとする．

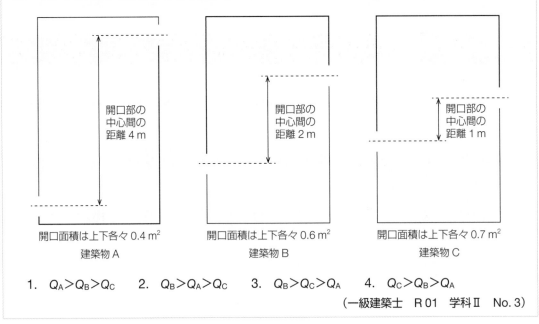

開口面積は上下各々 0.4 m²　　　開口面積は上下各々 0.6 m²　　　開口面積は上下各々 0.7 m²
建築物A　　　　　　　　　　　建築物B　　　　　　　　　　　建築物C

1.　$Q_A > Q_B > Q_C$　　2.　$Q_B > Q_A > Q_C$　　3.　$Q_B > Q_C > Q_A$　　4.　$Q_C > Q_B > Q_A$

（一級建築士　R01　学科Ⅱ　No.3）

【解説】　温度差による換気量 Q は，流量係数 α，開口部面積 A〔m²〕，開口部の高低差 h〔m〕，室温 t_i〔℃〕，外気温 t_o〔℃〕，重力加速度 g〔m/s²〕，$T_i = 273 + t_i$ とすると，

$$Q = \alpha A \sqrt{2gh\frac{t_i - t_o}{T_i}} = \alpha A \sqrt{2gh} \cdot \sqrt{\frac{t_i - t_o}{T_i}} = A \sqrt{2h} \cdot \alpha \sqrt{g\frac{t_i - t_o}{T_i}}$$

α，g，T_i，t_i，t_o は共有であり，結局 $\alpha \sqrt{g\dfrac{t_i - t_o}{T_i}}$ は一定であるので「開口部面積に比例し，高さの差の平方根に比例する」．

	建築物 A	建築物 B	建築物 C
開口面積 A	0.4	0.6	0.7
開口高低差 $\sqrt{h}$	$\sqrt{4}$	$\sqrt{2}$	$\sqrt{1}$
$A\sqrt{h}$	$0.4\sqrt{4} = 0.8$	$0.6\sqrt{2} ≒ 0.84$	$0.7\sqrt{1} = 0.7$
$\sqrt{A^2 h}$ で比較しても良い	$\sqrt{0.64}$	$\sqrt{0.72}$	$\sqrt{0.49}$

換気量の大小関係は $Q_B > Q_A > Q_C$ となる．

【解答】　（2）

1-3 機械換気

機械換気は，送風機を使って強制的に換気を行い，給気・排気またはその併用で室内外の空気を入れ替えられるため，室内空気状態を使用目的に調整することができる（図1・9）.

換気対象による分類

（1）全般換気

❶ **室全体**の空気の入れ替えを行うもので，希釈換気とも呼ばれる. 希釈することで，汚染物質の濃度を下げる方法である.

❷ 最近の住宅や集合住宅などは，高気密化などにより住宅全体で必要な換気量を確保する全般換気の方法が用いられている. 一般に居間，台所，寝室などの居室を中心として給気し，便所や浴室などから排気する換気経路である.

（2）局所換気

❶ 室内で**局所的**に発生する有毒ガス，熱，臭気，煙などを，室全体に拡散させないように局所的に排出する換気方式をいう.

❷ 台所のレンジフードや研究所の実験室など，有毒ガスの発生する場所で使われる**ドラフトチャンバー**※2による換気も局所換気である

（3）置換換気（ちかんかんき）

❶ 室温よりやや低温の空気を床面付近から室内に低速で供給し，汚染された空気を**床面**から，上昇させて，**天井面**付近で排気を行う換気方式をいう.

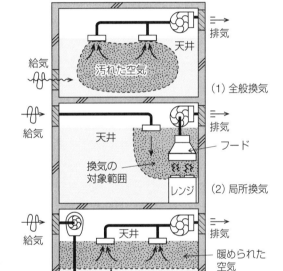

図1・9 全般，局所，置換換気方式の概略図

❷ 暖かい空気が上昇する原理を利用しており，天井吹出し方式と比較すると，少ない風量で良好な室内環境を保つことができ，高い天井がある居室を効率的に換気することができる.

❸ この方式は，天井の高さが3m以上あるような空間に適している.

※2 ドラフトチャンバー：熱，ガス，塵埃（じんあい）などの発生の多い実験の排気に用いられる装置で，過剰な熱や有害な汚染物質が室内その他へ流出するのを防ぐため上部の排風機で排気する.

機械換気方式

（1）　第1種機械換気

給気側と排気側にそれぞれ専用の送風機を設ける方式で，**第1種機械換気方式**という．この方式は室内を正圧にも負圧にも保つことができ，最も確実な給排気が期待できるため，厨房，機械室（ポンプ，発電機，ボイラーなどの室），地下階の無窓居室，実験室などに用いられる．

（2）　第2種機械換気

給気側だけに送風機を設け，排気口より自然排気する方式で，**第2種機械換気方式**という．この方式は室内が正圧となり，確実な給気ができるため，空気調和機の外気取り入れや，ボイラー室，手術室などに用いられる．

（3）　第3種機械換気

排気側だけに送風機を設け，給気口より自然給気する方式を**第3種機械換気方式**という．この方式は室内が負圧となり，確実な排気ができるので，浴室，便所，喫煙室，シャワー室，駐車場などに用いられる．

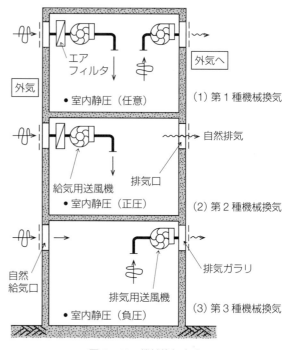

図1・10　機械換気方式

換気計画

❶　臭気，粉じん，燃焼ガス，水蒸気など汚染の異なる換気や使用勝手の違う換気は，それぞれに独立した換気系統とする．

❷　局所的に排気される熱，水蒸気，汚染物質などは，フードなどを使用して室内に拡散する前に室外に排出する．

❸　病院内の感染防止や汚染臭気の拡散防止のため，病原菌が他の病室に流れ込まないように，換気系統を分離独立させる．

❹　病院内の老人病棟は，臭気拡散防止として各病室内で換気などを行う．

❺　病院の手術室，クリーンルームなどは，周囲から汚染空気が流入しないように，他室より室内圧を高く保つように第2種機械換気とするか，給気量より排気量を少なくした第1種機械換気とする．

❻　自然換気，機械換気のいずれの場合も，換気経路はよく検討する必要がある．

換気量と換気回数の求め方

換気量は，室内の空気汚染の許容量を超えないように，許容値以下に保持できる量として求めるもので，そのために必要な最小風量を必要換気量という．

二酸化炭素（CO₂）と必要換気量（ザイデルの式）

室内の二酸化炭素（CO_2）濃度を，許容値以下にする場合の必要換気量の計算は，**ザイデルの式**が用いられる．

※ザイデルの式

$$Q=\frac{k}{P_i-P_o}$$

ここに，Q：必要換気量〔m³/h〕

k：二酸化炭素の発生量〔m³/h・人〕

（安静時：0.015 m³/h・人，事務作業時：0.02 m³/h・人）

P_i：室内空気の二酸化炭素許容濃度（基準値は 0.1％＝0.001＝1000 ppm[※3]）

P_o：外気の二酸化炭素濃度（0.03％＝0.0003＝300 ppm）

解いて理解！

【問題2】 定常状態における室内の二酸化炭素濃度を上限の基準である 1000 ppm 以下に保つために，最低限必要な外気の取入量として最も適当な値は，次のうちどれか．ただし，人体一人当たりの二酸化炭素発生量は 0.024 m³/(h・人) であり，人体から発生した二酸化炭素は直ちに室全体に一様に拡散するものとし，外気の二酸化炭素濃度を 400 ppm とする．また，隙間風は考慮しないものとする．

1．20 m³/(h・人)　　2．30 m³/(h・人)　　3．40 m³/(h・人)　　4．50 m³/(h・人)

（一級建築士　H 28　学科Ⅱ　No. 3）

【解説】 室内の二酸化炭素濃度からみた定常状態における必要換気量 Q〔m³/h〕は，次のザイデルの式で求めることができる．

$$Q=\frac{k}{P_i-P_o}〔m^3/h〕$$

k：二酸化炭素の発生量〔m³/(h・人)〕

P_i：室内空気の二酸化炭素許容濃度

P_o：外気の二酸化炭素濃度

室内の二酸化炭素発生量は $k=0.024$〔m³/(h・人)〕

二酸化炭素許容濃度は $P_i=1000\times10^{-6}=0.001$

外気の二酸化炭素濃度は $P_o=400\times10^{-6}=0.0004$ 　∵　1 ppm＝10^{-6}

上記の数値をザイデルの式に代入すると

$$Q=\frac{0.024}{0.001-0.0004}=40〔m^3/(h・人)〕$$

【解答】（3）

※3　ppm：100 万分の 1 の，微量の濃度を表す単位のこと．

1人当たりの必要換気量

❶ 必要換気量とは，室内の汚染質濃度を許容濃度以下にするために必要とされる最小の換気量をいう．

❷ 二酸化炭素濃度を基準とした場合の居室の必要換気量は，一般に1人当たり $30\,\mathrm{m^3/h}$ 程度として算出する．ただし，この量は在室者1人当たりの室容積，温度，浮遊粉じんなどの要素により異なる．

❸ 喫煙による空気汚染に対する必要換気量は，浮遊粉じんの発生により決まる．

排湿のための必要換気量

近年，気密化された室が多くなり，室内では人や燃焼器具から水分が放出されたうえ，暖房などでの結露によるカビの発生や，床や壁などのいたみが問題となっている．換気により室内の湿気を常に取り除き許容値以下にすることが重要となる．室内の**排湿**は，次式が用いられる．

$$Q = \frac{M}{1.2(G_i - G_o)}$$

ここに，Q：必要換気量〔$\mathrm{m^3/h}$〕

M：室内の水蒸気発生量〔kg/h〕

G_i：室内空気の重量絶対湿度〔kg/kg（DA）〕

G_o：外気の重量絶対湿度〔kg/kg（DA）〕

1.2：空気の密度〔$1.2\,\mathrm{kg/m^3}$〕，DA：乾き空気の事

※絶対湿度：空気中にどれだけ水蒸気が含まれているのかを表すもので，2種類ある．

・重量絶対湿度〔kg/kg（DA）〕は，乾き空気1kg中の水蒸気量Xkgを表す．

・容積絶対湿度〔$\mathrm{kg/m^3}$〕は，空気1$\mathrm{m^3}$中の水蒸気量を表す．

特殊用途室の換気量（関係法規と条例）

自走式の駐車場（自動車の駐車の用に供する部分の床面積[※4] が $500\,\mathrm{m^2}$ 以上のもの）の換気については，駐車場法施行令第12条（換気装置）により規定されている．

❶ 10回/h以上の換気が必要で，ただし，窓などの開口面積が床面積の1/10以上ある場合には不要とする．（駐車場法施行令第12条）

❷ $25\,\mathrm{m^3/(h\cdot m^2)}$ 以上の換気が必要で，窓などの開口部面積が床面積の1/10以上ある場合には不要とする[※5]．（東京都建築安全条例第32条の4）

❸ 地下駐車場，車庫は地下建築物の扱いで $30\,\mathrm{m^3/(h\cdot m^2)}$ 以上必要となる．（東京都建築安全条例第73条の2）

❹ 機械式駐車場の床面積の算定は，台数×$15\,\mathrm{m^2}$とする．（建設省住指発第115号（昭和61年4月30日））平成13年2月以降，各特定行政庁確認事項

※4 床面積は，スロープなどの部分を含む面積のこと．

※5 $500\,\mathrm{m^2}$ 未満でも❶，❷を準用する地区がある．

換気回数

室内の空気が1時間に入れ替わる回数のことで，すなわち，室の1時間当たりの換気量をその室容積で割った値である．室内の換気回数が多いこととは，換気能力が高いことをいう．

$$N=\frac{Q}{V}$$

N：換気回数〔回/h〕
Q：1時間当たりの換気量〔m³/h〕
V：室容積〔m³〕

❶ 用途別の換気回数 ＊便所・洗面所＝5〜15〔回/h〕 ＊書庫・倉庫＝5〔回/h〕
＊更衣室＝5〔回/h〕 ＊浴室・シャワー室＝3〜7〔回/h〕 ＊喫煙所＝10〔回/h〕

❷ 営業用の厨房は，燃焼器具を使うため，多量の二酸化炭素，一酸化炭素，排熱などにより最も多くの換気量が必要となるため，30〜60回/h（推奨）を必要換気回数とする．

換気回数からの換気量は，室容積に換気回数をかけることで求められる．

$$Q=N\cdot V$$

Q：1時間当たりの換気量〔m³/h〕
N：換気回数〔回/h〕
V：室容積〔m³〕

解いて理解！

【問題3】 便所の換気量を求めよ．ただし，換気回数を15回/hとし，便所の面積は50 m²，天井高さは2.5 mとする．

【解説】 便所の室容積は，50×2.5＝125〔m³〕

便所の換気回数を15〔回/h〕とし，必要換気量 Q〔m³/h〕は，

125〔m³〕×15〔回/h〕＝1875〔m³/h〕 【解答】 1875〔m³/h〕

【問題4】 室内の水蒸気発生量が1.5 kg/hのとき，室内空気の重量絶対湿度を0.01 kg/kg（DA）に保つための必要換気量〔m³/h〕を求めよ．

ただし，外気の重量絶対湿度は0.005 kg/kg〔DA〕とする．

【解説】

排湿のための必要換気量は，

$$Q=\frac{M}{1.2(G_i-G_o)}$$

M：室内の水蒸気発生量〔kg/h〕
G_i：室内空気の重量絶対湿度〔kg/kg（DA）〕
G_o：外気の重量絶対湿度〔kg/kg（DA）〕

上式に設問の条件を代入すると

$Q=1.5/1.2(0.01-0.005)=1.5/0.06=250$ m³/h となる． 【解答】 250〔m³/h〕

1-4 排煙設備

　排煙設備は，火災時に発生した建物内に充満する煙を屋外に放出して，在室者の避難経路を確保し，消防隊の消火活動を容易にする設備で，排煙機，排煙口，手動開放装置，ダクト電源装置などから構成されている．

排煙方式

　排煙方式には，**自然排煙**，**機械排煙**，**加圧防排煙**（**第2種排煙方式**）がある．

自然排煙方式

　煙の浮力を利用するもので，部屋の上部に溜まった煙を排煙窓から直接建物の屋外へ排出する方式である（図1・11）．

機械排煙方式

　排煙機を用い排煙ダクトを通じて，煙を排出する方式である（図1・12）．

加圧防排煙方式（第2種排煙方式）

　避難経路，消火活動の拠点として使用する，特別避難階段の附室に，送風機で空気を送り附室の圧力を高め，隣接室との間に圧力差を発生させることで，煙の侵入を防ぐ方式である．

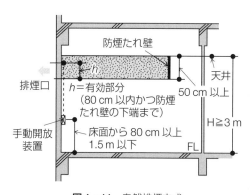

図1・11　自然排煙方式

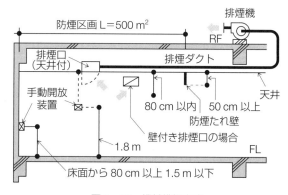

図1・12　機械排煙方式

排煙対象建築物

❶　劇場，映画館などの特殊建築物で，延べ面積が500 m²を超えるもの．

❷　階数が3以上で，延べ面積が500 m²を超える建築物（建築物の高さが31 m以下の部分にある居室で，床面積100 m²以内ごとに，防煙壁によって区画されたものを除く）．

❸ 延べ面積が1000 m²を超える建築物の居室で，その床面積が200 m²を超えるもの（建築物の高さが31 m以下の部分にある居室で，床面積100 m²以内ごとに，防煙壁によって区画されたものを除く）．

排煙口

❶ 排煙口には，常時閉鎖型と常時開放型がある．

❷ 常時閉鎖型の排煙口は，常時閉鎖されているもので，手動開放装置などで開放すると，連動して排煙機が起動され排煙が行われる．

❸ 常時開放型の排煙口は，常時開放されているもので，1防火区画のみを専用の排煙機で受け持つ場合に適用される．常時開放型の排煙機は，手動始動装置を設け，直接起動させる．

解いて理解！

【問題5】 換気に関する次の記述のうち，**最も不適当なもの**はどれか．

1. 全般換気は，室全体の空気を入れ替えることにより，室内で発生する汚染物質の希釈，拡散および排出を行う換気方式のことである．

2. 第一種換気方式は，給気機および排気機を用いるため，正圧に保つ必要のある室にも採用することが可能である．

3. 風圧力によって室内を換気する場合，その換気量は，外部風向と開口条件が一定であれば，外部風速の平方根に比例する．

4. 温度差による換気において，外気温度が室内温度よりも高い場合，外気は中性帯よりも上側の開口から流入する． （一級建築士　H 30　学科Ⅱ　No. 3）

【解説】 風圧力によって室内を換気する場合，外部風向と開口条件が一定であれば，外部風速に比例し，風圧係数の差の平方根に比例する 【解答】（3）

【問題6】 換気設備・排煙設備に関する次の記述のうち，**最も不適当なもの**はどれか．

1. ボイラー室などの燃焼機器を使用する機械室の換気方式は，第3種換気とする．

2. 置換換気（ディスプレイスメント`ベンチレーション）は，汚染物質が周囲の空気より高温または軽量の場合に有効である．

3. 隣接した二つの防煙区画において，一般に，防煙垂れ壁を介して一方の区画を自然排煙，他方の区画を機械排煙とすることはできない．

4. 機械排煙設備において，天井の高さが3 m未満の居室に設ける排煙口の設置高さ（下端高さ）は，一段に，天井から80 cm以内，かつ，防煙垂れ壁の下端より上の部分とする． （一級建築士　H 28　学科Ⅱ　No. 13）

【解説】 ボイラー室などの燃焼機器を使用する機械室の換気方式は，第2種換気とする． 【解答】（1）

伝　熱

2-1 伝熱と断熱

熱の伝わり方には，伝導，対流，放射がある．これらが組み合わさり，私たちの生活において様々なところで伝熱が行われている．室内環境を考える上では，室内外の熱移動は大切な要素の一つである．そのため，断熱による効果とともに，どのように熱が伝わるかを理解することが重要である．

伝　熱

熱は高温部から低温部に移動する．私たちの生活でも，金属棒の先端を火にあぶると，持っている手元の温度が上昇し，最終的には持っていられなくなる．これは，先端が熱せられ，棒内部に温度差が生じ，熱移動により金属棒全体が熱くなるからである（図2・1）．また，自然現象では，熱は低温部から高温部に移動することは起こらない．

熱の移動は**伝導**，**対流**，**放射**によって行われる（図2・2）．

❶　伝導

固体内部において，高温部から低温部へ熱が伝わる現象．

❷　対流

温度による密度差によって熱が移動して伝わる現象．対流は，空気や水のような媒体がないと生じない．

❸　放射

その物質が持つ熱エネルギーを電磁波（赤外線や紫外線）という形態で周囲に放出する現象．放射は媒体がなくても（真空でも）生じる．

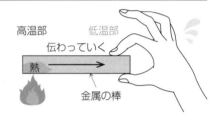

図2・1　熱の移動

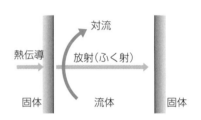

図2・2　伝導・対流・放射

熱貫流

建物における夏の熱負荷は，人体や照明器具など室内で発生する熱エネルギーだけでなく，太陽の日射や室内外の温度差による熱移動が大きく影響している．例えば，外気温が35℃，冷房時の室温は26℃の場合，外壁や窓ガラスを通じて，屋外から室内へと熱が移動する．また，冬は逆に室内から屋外に熱が放出される．このようにガラスや壁を伝わり熱移動する現象を**熱貫流**という．

熱伝導

コンクリートなどの固体内に温度差がある場合，高温部から低温部に熱移動する現象．図2・3のような一様な材料の単層平面壁の場合の熱流は次式で表される．

$$q = \lambda(t_1 - t_2)/l$$

ここに，q：伝導熱量〔W/m²〕

λ：熱伝導率〔W/(m·K)〕

t_1：表面温度〔℃〕

t_2：表面温度〔℃〕

l：厚さ〔m〕

各材料の熱伝導率を表 2·1 に示す．熱伝導率は材料の熱の伝わりやすさを表す．材料密度が大きい金属は熱伝導率が高く熱を伝えやすい．グラスウールは密度が低く熱伝導率が小さく，断熱材として使用されている．

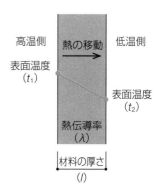

図 2·3 単層平面壁

表 2·1 各種材料の熱伝導率

材料	熱伝導率〔W/(m·K)〕	材料	熱伝導率〔W/(m·K)〕
銅	370.0	フレキシブルボード	0.8
鋼	55.0	床用プラスチックタイル	0.19
石（花こう岩）	2.9	合板	0.19
コンクリート	1.4	木材（中量材）	0.17
モルタル	1.3	畳	0.15
板ガラス	0.78	フォームポリスチレン	0.045
土	0.67	グラスウール保温材	0.044

熱伝達

コンクリートなどの固体表面とこれに接する空気などの流体との間に起こる熱移動の現象．固体表面の空気の対流（対流熱伝達）や放射（放射熱伝達）の影響を受ける．総合熱伝達ともいわれる．

$$q=\alpha(t_1-t_2)$$

ここに，q：伝達熱量〔W/m²〕

α：熱伝達率〔W/(m²·K)〕

t_1：固体表面温度・空気の温度〔℃〕

t_2：固体表面温度・空気の温度〔℃〕

一般的には，外表面熱伝達率（α_o）は 23 W/(m²·K) が用いられ，冬期の風速 3.0 m/s 程度を想定している．また，内表面熱伝達率（α_i）は，9 W/(m²·K) が用いられる．

熱貫流

壁を挟み温度差のある空気があるとき，熱は高温部から壁を伝わり低温部の空気に移動する．図 2·4 のように熱伝達→熱伝導→熱伝達の三過程を経る伝熱を熱貫流（熱通過）いう．

$$q=K(t_1-t_2)$$

ここに，q：貫流熱量〔W/m²〕

K：熱貫流率〔W/(m²·K)〕

t_1：固体表面温度・空気の温度〔℃〕

t_2：固体表面温度・空気の温度〔℃〕

熱貫流率は，壁体の熱の伝わりやすさを表し，次式より求めることができる．熱貫流率が大きくなるにつれ熱を伝えやすくなる．そのため，外壁など熱貫流率を小さくすることで，断熱効果が高くなる．また，熱貫流率の逆数（$1/K$）を熱貫流抵抗Rという．

$$K=\frac{1}{\frac{1}{\alpha_0}+\Sigma\frac{l}{\lambda}+C+\frac{1}{\alpha_i}}$$

ここに，K：熱貫流率〔W/m²・K〕

α_0：外表面熱伝達率〔W/(m²・K)〕

α_i：内表面熱伝達率〔W/(m²・K)〕

l：各材料の厚さ〔m〕

λ：各材料の熱伝導率〔W/(m・K)〕

C：中空層の熱抵抗〔m²・K/W〕

構造体の内部には，空気層をとることがある．通常，構造体の空気層は非密閉中空層（0.07 m²・K/W）が用いられる．

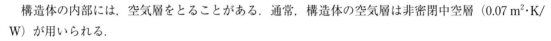

図2・4 熱の移動

【例題】

右図において以下の条件時の熱貫流率K・熱貫流抵抗R・貫流熱量q, Qを求めよ．ただし，外気温32℃，室温26℃，外壁面積を50 m²とする

材 料	厚さ〔mm〕	熱伝導率〔W/(m・K)〕	熱抵抗〔m²・K/W〕
① モルタル	30	1.3	―
② コンクリート	130	1.4	―
③ モルタル	20	1.3	―
④ 非密閉中空層	―	―	0.07
⑤ フレキシブルボード	9	0.8	―
外表面熱伝達率	23〔W/(m²・K)〕		
内表面熱伝達率	9〔W/(m²・K)〕		

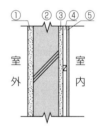

図2・5 外壁（空気層あり）

【解答】 熱貫流率K

$$K=\frac{1}{\frac{1}{23}+\frac{0.03}{1.3}+\frac{0.13}{1.4}+\frac{0.02}{1.3}+0.07+\frac{0.009}{0.8}+\frac{1}{9}}$$

$$=\frac{1}{0.043+0.023+0.093+0.015+0.07+0.011+0.111}$$

$$=\frac{1}{0.366}=2.73〔W/(m²・K)〕$$

熱貫流抵抗 R

$$R=1/K$$
$$=1/2.73$$
$$=0.366 〔\mathrm{m^2 \cdot K/W}〕$$

貫流熱量 q

$$q=2.73 \times (32-26)$$
$$=16.38 〔\mathrm{W/m^2}〕$$

貫流熱量 Q

$$Q=16.38 \times 50$$
$$=819 〔\mathrm{W}〕$$

断　熱

壁の断熱

外壁は屋外と室内の堺にある．そのため，夏は屋外から室内に熱貫流による熱移動が起きる．一方，冬期は逆に室内から屋外に熱が逃げてしまう．室内環境を快適に保つためには，空調機により適切に制御しなければならない．しかし，この熱貫流量が大きいとエネルギーを多く使わなければならなくなる．そこで，**断熱**を適切に行うことで熱移動量を軽減し，省エネルギー対策となる．

例えば，図2・6と図2・7の熱貫流熱量を比較する．

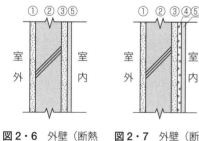

図2・6 外壁（断熱　　**図2・7** 外壁（断熱
　　　　材なし）　　　　　　　材あり）

材　料	厚さ〔mm〕	熱伝導率〔W/(m・K)〕
① モルタル	30	1.3
② コンクリート	130	1.4
③ モルタル	20	1.3
④ スチレン発泡板	25	0.037
⑤ フレキシブルボード	9	0.8

外表面熱伝達率	23〔W/(m²・K)〕
内表面熱伝達率	9〔W/(m²・K)〕

条件：外気温32℃，室温26℃，外壁面積50㎡

〈図2・6（断熱材なし）〉

熱貫流率 K

$$K=\cfrac{1}{\dfrac{1}{23}+\dfrac{0.03}{1.3}+\dfrac{0.13}{1.4}+\dfrac{0.02}{1.3}+\dfrac{0.009}{0.8}+\dfrac{1}{9}}$$

$$=\cfrac{1}{0.043+0.023+0.093+0.015+0.011+0.111}$$

$$=1/0.296$$
$$=3.38 〔W/(m^2 \cdot K)〕$$

貫流熱量 Q

$$Q=3.38×(32-26)×50$$
$$=1014 〔W〕$$

〈図 2·7（断熱材あり）〉

熱貫流率 K

$$K=\cfrac{1}{\cfrac{1}{23}+\cfrac{0.03}{1.3}+\cfrac{0.13}{1.4}+\cfrac{0.02}{1.3}+\cfrac{0.025}{0.037}+\cfrac{0.009}{0.8}+\cfrac{1}{9}}$$

$$=\cfrac{1}{0.043+0.023+0.093+0.015+0.0676+0.011+0.111}$$

$$=1/0.973$$

$$=1.03 〔W/(m^2 \cdot K)〕$$

貫流熱量 Q

$$Q=1.03×(32-26)×50$$
$$=309 〔W〕$$

　断熱材（スチレン発泡板）があるものに比べ無いものは，貫流熱量が約3倍となる．また，図2·5と図2·6の貫流熱量を比較すると約1.2倍となり，空気層（半密閉空気層）により断熱効果を得ていることがわかる．

　空気層では，空気が静止状態のとき，熱伝導率が $0.022 \text{W}/(\text{m} \cdot \text{K})$ と非常に小さい．断熱材など熱伝導率が小さい材料は，空気などの気体を空隙に包含させ効果を得ている．そのため，小さな空隙が多い材料ほど熱伝導率が小さく断熱効果が高い．断熱材は繊維系（グラスウールなど）と発泡系（硬質ウレタンフォームなど）がある．また，施工方法としては，保温板やマットタイプのように材料と材料の間に挟み込むものと，材料に直接吹き付けるタイプがある．

内断熱と外断熱

　外壁からの熱移動量を少なくするために断熱を行うが，方法として**内断熱**と**外断熱**がある．外断熱とはコンクリートなどの構造体に対し，外気側に断熱材を施すものである．また，反対に室内側に施すものが内断熱である．構成する部材が同じであれば，内断熱，外断熱ともに同じ熱貫流率である．

　コンクリートのように比較的熱容量の

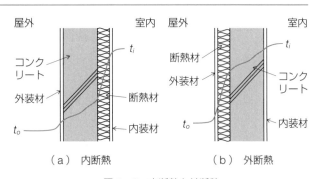

図 2·8 内断熱と外断熱

大きい材料は，温まりにくく，冷めにくい性質がある．外断熱の場合，冬期における暖房では，始めにコンクリートを温め蓄熱される．そのため，室温の上昇に時間がかかる．しかし，暖房運転を停止しても，蓄熱された熱が室内にゆっくりと放熱されるため，すぐに室温が下がりにくい．逆に内断熱は，コンクリートの手前に断熱材があるため，コンクリートに蓄熱されにくい．そのため，室温が短時間で上昇するが，停止後は急に室温が低下してしまう．このように冷暖房時の温度状況が異なるため，外気温度など地域の特性を考慮する必要がある．

ガラスの断熱

窓の熱貫流率を表2·2に示す．単板ガラス（3 mm）の熱貫流率は，6.0 W/(m²·K) と大きい．そのため，冬期に窓付近の室内空気が冷え，足元が寒くなるコールドドラフトの原因の一つとなっている．この対策として，**複層ガラス**が多く使用されている．図2·9のようにガラスとガラスの間に中空層（密閉空気層）を設けることで，熱貫流率が2.9 W/(m²·K) と小さくなる．また，中空層内の内側ガラス面に特殊金属膜をコーティングしたガラスを使用することで，熱貫流率が1.6 W/(m²·K) となる．このようなガラスを Low-E 複層ガラスと呼んでいる．板ガラスに比べ熱貫流率は 1/3 以下である．

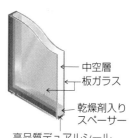

中空層
板ガラス
乾燥剤入り
スペーサー
高品質デュアルシール

図2·9 複層ガラス構造図

表2·2 ガラスの熱貫流率

ガラスの種類	ガラスの呼び厚さ〔mm〕 （　）内は構成	熱貫流率 K 値 〔W/(m²·K)〕
単板ガラス	3 mm（FL3）	6.0
複層ガラス	18 mm（FL3＋A12＋FL3）	2.9
Low-E 複層ガラス	18 mm（FL3(Low-E 金属膜)＋A12＋FL3）	1.6

※FL：透明フロート板ガラス，A：空気層
※熱貫流率 K 値はメーカ・商品によって異なる

ここが大事！

＊熱は高温部から低温部に移動．

＊熱の移動は伝導，対流，放射によって行われる．

＊熱伝導率は材料の熱の伝わりやすさを表し，熱伝導率が大きいほど，熱を伝えやすい．そのため，断熱材は，熱伝導率が小さくなる．

＊熱貫流（熱通過）とは，熱伝達→熱伝導→熱伝達の三過程を経る伝熱をいう．

＊熱貫流率は，壁体の熱の伝わりやすさを表し，熱貫流率が大きくなるにつれ熱を伝えやすくなる．また，熱貫流率の逆数を熱貫流抵抗という．

2-2 湿り空気

地球の大気は湿り空気と呼ばれ，乾き空気と水蒸気が混合したものである．大気の組成は，窒素，酸素，アルゴン，二酸化炭素などから構成され，これに水蒸気が加わった状態が湿り空気である．

温度と湿度

温度

大気中の空気には水蒸気が含まれている．これにより温度は，**乾球温度**と**湿球温度**の2つを考える必要がある．乾球温度は，一般的に温度〔℃〕と言われているものである．それに対し，湿球温度とは，感温部を湿らせ蒸発と対流の平衡温度を表すものである．そのため，空気が飽和状態であれば，感温部で蒸発が起こらず乾球温度と同じ値を示す．また，空気中の水蒸気量が少ないと，蒸発量が多くなり蒸発熱（蒸発潜熱）により湿球温度が低下する．乾球温度と湿球温度の差により空気中の水蒸気量を求めることができる．また，空気中に含まれる水蒸気が飽和して水滴に変わるときの温度を露点温度という．

湿度

湿度とは，空気中の水蒸気量を表したものである．一般的に湿度〔％〕が使用されているが，これは相対湿度を表したものである．相対湿度とは，ある温度で大気中に含まれる水蒸気量をその温度の飽和水蒸気量で除したものであり，相対湿度が100％は飽和状態である．また，数値が小さくなると乾燥した状態となる．それに対し，絶対湿度とは，湿り空気中の乾き空気1kgに対する水蒸気量のことで，単位は〔kg/kg（DA）〕で表される．

湿り空気の持つエネルギー

湿り空気には，乾き空気のエネルギーと水蒸気の持つエネルギーがある．この二つの和が**湿り空気のエネルギー**である．そのため，加熱や冷却，加湿や減湿（除湿）によってエネルギー量が変化する．

エンタルピーとは，流体が持つ熱力学的エネルギーを表す．また，単位質量当たりのエンタルピーを比エンタルピーという．湿り空気における比エンタルピーは，乾球温度0℃の乾き空気を基準とし，単位は〔kJ/kg（DA）〕で表される．乾き空気のエネルギー変化に伴う熱を顕熱（Sensible Heat）といい，水蒸気の状態変化に伴う熱変化が潜熱（Latent Heat）である．また，顕熱と潜熱の合計が全熱（Total Heat）である．比エンタルピーは，加熱・加湿をすると増加し，冷却・減湿（除湿）をすると減少する．

湿り空気線図

湿り空気線図（図2・10）は，各状態量の等値線を線図で表したものである．

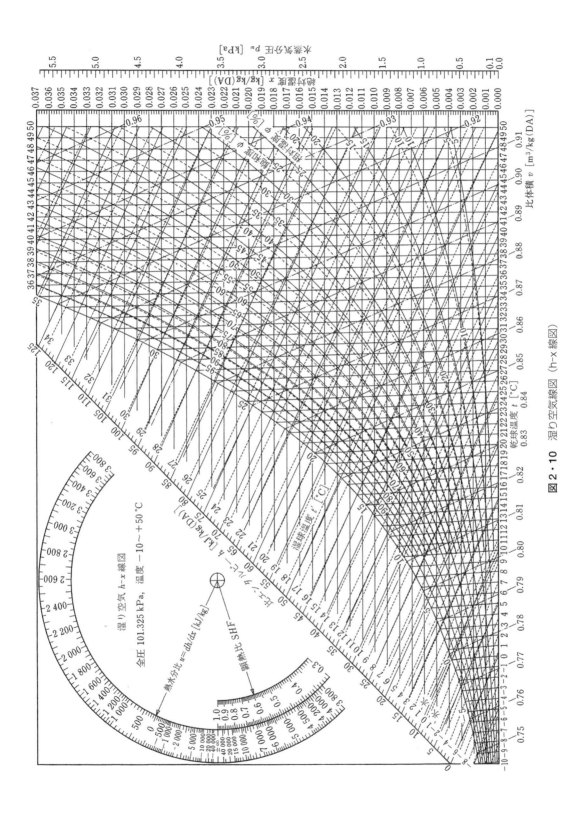

図 2・10 湿り空気線図 (h-x 線図)

湿り空気の状態は，二つの状態量が定まると，その他の量は次のように線図から読むことができる．

❶ 図2·11（a）のように，乾球温度26℃，相対湿度50%のときの状態点を求めることができる．図2·11（b）のように状態点から湿球温度18.8℃，露点温度14.8℃，絶対湿度0.0105 kg/kg（DA）となる．

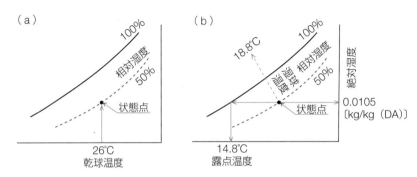

図2·11 空気線図の読み方

❷ 空気線図より次のことを読み取ることができる

・空気の冷却，加熱は乾球温度変化のため，左右に移動する（図2·12（a））．冷却時に露点温度以下にならなければ，絶対湿度は変化しない．しかし，相対湿度は空気を加熱すると低下し，冷却すると上昇する．

・空気の減湿（除湿）・加湿は，水蒸気量の変化である．すなわち，絶対湿度変化のため，上下に移動をする．減湿（除湿）をすれば，絶対湿度・相対湿度ともに減少し，加湿をすれば，ともに上昇する（図2·12（b））．

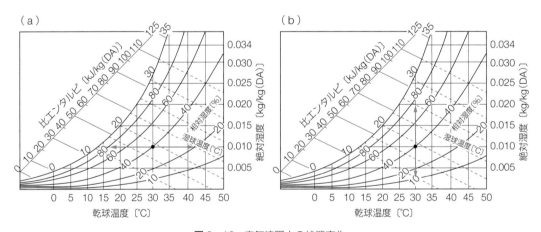

図2·12 空気線図上の状態変化

ここが大事！

＊湿り空気を加熱すると乾球温度が上がり，冷却すると下がる．①

＊湿り空気を加熱すると相対湿度は下がり，冷却すると上がる．②

＊湿り空気を加湿すると相対湿度と絶対湿度が上がり，減湿（除湿）すると相対湿度と絶対湿度が下がる．③④

＊湿り空気を加熱・加湿すると比エンタルピーが上がり，冷却・減湿（除湿）すると下がる．⑤

＊結露を生じる温度を露点温度という．

＊飽和水蒸気量：ある温度の1 m³の空気が含むことができる水蒸気の最大量のことをいう．一定温度の空気に含まれる水蒸気量は限度があり，その限度を超えると水蒸気は凝縮して液体の水となる．したがって，それ以上の水蒸気を含むことができない．

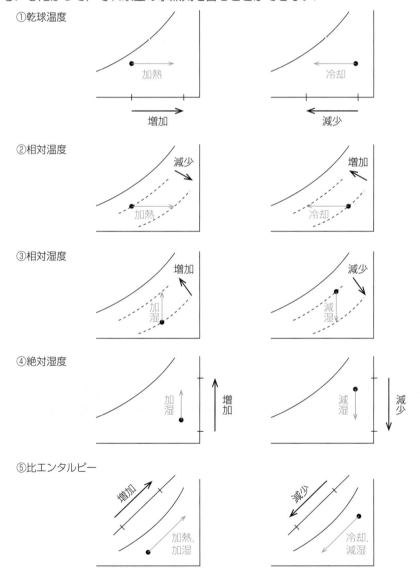

①乾球温度

②相対温度

③相対湿度

④絶対湿度

⑤比エンタルピー

2-3 結露と防止

大気は湿り空気であるため，水蒸気を含んでいる．空気中の水蒸気は冷却されると，水に変化する．これが結露である．結露はシミやカビの原因となり，建物の居住性能を低下させることになる．

結露

結露は，空気中に含まれる水蒸気が飽和して曇りや水滴に変わりガラス表面などに付着する現象である．湿り空気は飽和状態まで水蒸気を含むことができる．この限界の状態が飽和空気である．空気中に含むことのできる水蒸気量は，乾球温度が高いほど多く，低いほど少ない．乾球温度15℃の場合，空気中に含むことのできる水蒸気量は0.0107 kg/kg（DA）に対し，乾球温度30℃の場合，0.0272 kg/kg（DA）である（図2·13）．また，冬の室内が22℃（乾球温度），40%（相対湿度）のとき，窓ガラスの表面温度が5℃となると，図2·14のように飽和状態となり，乾き空気1 kgに対して0.0012 kgの水蒸気が結露することになる．ガラスの表面状態などにも影響するため，実際の結露量とは異なる．

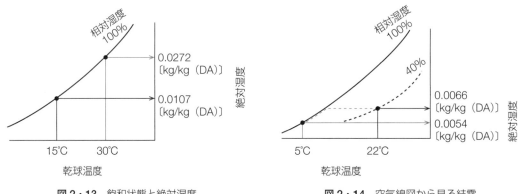

図2·13 飽和状態と絶対湿度　　　　図2·14 空気線図から見る結露

結露の種類

表面結露と内部結露

屋外と室内の温度差が大きい冬期では，一般に室内が高温で多くの水蒸気を含んでいる．高温側（室内）の空気が冷えた壁体に触れるとその表面に結露し水滴が付く現象を**表面結露**という．それに対し，壁内部に水滴が生じることを**内部結露**という．壁の内部でも屋外側に近い部材は，低温になる事がある．そのため，壁内部に水蒸気が流れ込むと低温となっている部材で，結露が起きる．

冬型結露と夏型結露

冬型結露とは，加湿などにより外気に比べ室内の水蒸気量が多く，断熱性の悪い外壁や窓ガラスでは，外気温の影響により室内側の表面温度が下がり，結露する現象である．

夏型結露とは，梅雨の時期や夏期の高温多湿な空気が地下室や床下などに流れ込み低温の場所で結露する現象である．

結露防止

結露を防止するには，以下の方法がある．

・壁体内の断熱材（グラスウールなど）を適切に設ける（壁の断熱を良くし，室内側の壁表面温度を下げない）．ガラスは2重ガラスなどとし，熱貫流抵抗を大きくする．
・壁厚を増す（壁体の熱貫流抵抗を人きくする）．
・室内側の表面を吸湿性の材料とする．
・風通しを良くし換気を行い（発生する水蒸気を屋外に排出し，乾いた外気を取り入れる），必要以上に水蒸気を発生させない．
・外壁に面した壁に沿って，たんすなどの家具を置かない．
・内部結露は，壁体内の断熱材室内側に防湿層（防湿フィルム）を設ける．

解いて理解！

【問題1】 伝熱に関する次の記述のうち，**最も不適当なもの**はどれか．
1. 壁表面の熱伝達率は，壁面に当たる風速が大きいほど小さくなる．
2. 伝熱現象には，伝導，対流および，放射の三つがある．
3. 物体から出る放射の強さは，周囲の物質には関係なく，その物体の温度と表面の状態によって決まる．
4. 木材の熱伝導率は，普通コンクリートの熱伝導率より小さい．
5. 単一の材料からなる壁を伝わる熱量は，壁の両側の温度差，時間および伝熱面積に比例し，伝わる壁の厚さに反比例する

（二級建築士 H28 学科Ⅰ No.5）

【解説】 壁面に当たる風速が大きくなると，熱伝達率は大きくなる．外表面熱伝達率は，23 W/(m²·K) が用いられ，内表面熱伝達率は，9 W/(m²·K) が用いられる． 【解答】（1）

【問題2】 湿り空気に関する次の記述のうち，**最も不適当なもの**はどれか

1. 絶対湿度が同じであれば，空気を加熱しても，露点温度は変化しない．
2. 絶対湿度が同じであれば，空気を冷却すると，相対湿度は高くなる．
3. 乾球温度が同じであれば，乾球温度と湿球温度の差が小さいほど，相対湿度は低くなる．
4. 乾球温度が同じであれば，相対湿度が高くなると，絶対湿度も高くなる．
5. ある空気を露点温度以下に冷却した後，元の温度に加熱すると，相対湿度は低くなる．

(二級建築士　R 01　学科 I　No. 6)

【解説】　乾球温度と湿球温度の差が小さいほど，相対湿度は高くなる．湿球温度は，感温部を湿らせ蒸発と対流の平衡温度を表したものであり，空気が飽和状態（相対湿度100%）であれば，感温部で蒸発が起こらず乾球温度と同じ値を示す．また，空気中の水蒸気量が少ない（相対湿度が低い）と，蒸発が多く起き，蒸発熱（蒸発潜熱）により湿球温度が低下する．　〔解答〕（3）

【問題3】 図に示す外壁におけるア～オの対策について，冬期の室内側表面結露を防止するうえで有効なもののみの組み合わせは，次のうちどれか．

せっこうボードの厚さ：12 mm

密閉空気層の厚さ：10 mm

断熱材の厚さ：30 mm

コンクリートの厚さ：150 mm

モルタルの厚さ：25 mm

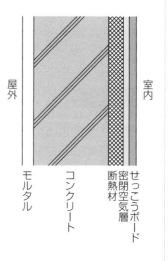

ア 密閉空気層の厚さを 10 mm から 20 mm にする．
イ 断熱材を，熱伝導率の小さいものに変更する．
ウ 密閉空気層の位置を，断熱材とコンクリートの間に変更する．
エ 室内側の壁付近に，気流を妨げるものを置かないようにする．
オ 断熱材の室内側に，防湿フィルムを設置する．

1. ア，イ，ウ
2. ア，イ，エ
3. ア，イ，オ
4. イ，エ，オ
5. ウ，エ，オ

(二級建築士　H 30　学科 I　No. 5)

【解説】　ア，イは，外壁の熱貫流率を小さく（熱貫流抵抗は大きく）するため，室内側表面温度が下がりにくくなり，表面結露の防止につながる．また，エは室内空気を壁面に滞留させないことで結露対策となる．オは内部結露対策である．　【解答】（2）

日照・日射

3章

3-1 太陽位置と高度

建物において快適な住環境を実現するためには，太陽光や太陽熱を有効に活用する必要がある．そのためには，まず太陽位置と高度および角度，季節による変化を理解することが重要である．

なお，環境工学において主要となる北緯 35〜36 度（関東地方）付近において解説を行う．

太陽と地球の運行

公転と自転

地球は太陽のまわりを 1 年周期で楕円を描く軌道で**公転**している．その公転軌道面に対して垂直方向の軸を公転軸といい，地球はその公転軸に対して 23°27′ の傾斜角度で**自転**している．

なお，自転軸の北極側がもっとも太陽に近い方向を向いた時を**夏至**，南極側に向いた時を**冬至**，自転軸が太陽と直角方向になる時を**春分**および**秋分**という．

天 球

図 3·1 のように地球は太陽を中心に運行しているが，地球上における太陽の影響を考える場合，観測地点を固定し，太陽が観測地点を中心に動いている位置関係で示す．この場合，観測地点を中心に架空の球体を描き，その球面状を太陽が運行していると考え，この球面を**天球**と呼ぶ（図 3·2）．

天球の角度は緯度 ϕ（ファイ）によって変わり，天球の赤道面に対する各季節の太陽の 1 日の軌道面にある角度を赤緯 δ（デルタ）で示す．夏至における $\delta = 23°27′$，冬至では $\delta = -23°27′$，春分および秋分は $\delta = 0°$ である．

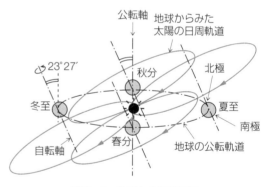

図 3·1 地球と太陽の運行

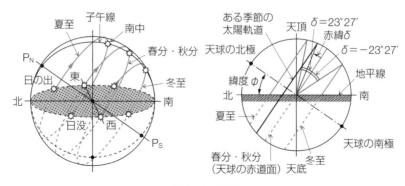

図 3·2 天球

太陽位置図

　天球上の太陽の軌道，高度円，方位円，時円を平面上に射影した図で，緯度ごとに太陽位置を読み取ることが可能である．

　図3・3に北緯35度における太陽位置図を示す．

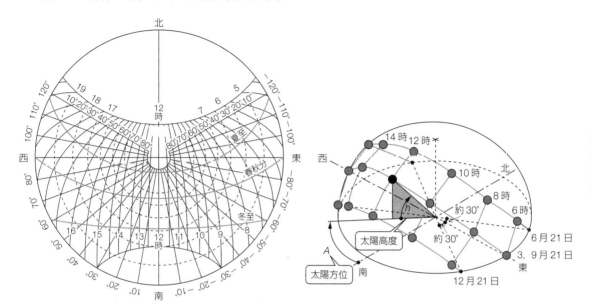

図3・3　太陽位置図

太陽の位置と時刻

　太陽が真南となる時刻を**南中時**といい，経度の違いによって南中時は異なる．日本の時刻表示は，東経135度（兵庫県明石市）での平均太陽時を**中央標準時**としている．

　太陽の位置を表す場合や，太陽の動きによる日影の動きを表す場合などは，各地方の南中時を基準とした真太陽時を用いる．

真太陽時

　その地域の南中時から，翌日の南中時までの時刻を1日（24時間）としたものを**真太陽時**という．なお，真太陽時の1日の長さは季節によって変化する．これは地球の公転が完全な円軌道ではなく，楕円軌道であるためである．真太陽時は地域によっても異なるため，地方太陽時と呼ぶこともある．

　また，真太陽時にできる影の方向を測定することで真北を求めることができる．

均時差

　真太陽時を年間平均したものを平均太陽時といい，真太陽時と平均太陽時では最大で約15分程度の時差があり，これを**均時差**という．

2編3章

日照・日射

太陽の位置

太陽の位置は，太陽高度と太陽方位角を用いて表す．

太陽高度（h）

太陽と地平面をなす角度のこと．水平面（0度）から真上（90度）までの値をとる（図3・4）．

太陽方位角（α）

太陽の方位と真南をなす角度のこと．太陽が真南（0度）の時刻を南中時という（図3・4）．

季節による太陽の位置（北緯36度付近）

太陽の運行する軌道は季節により変化する．春分・秋分では，真東から太陽が昇り真西に没する．

季節ごとの太陽位置と時間を表3・1に示す．

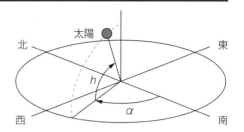

図3・4　太陽高度と太陽方位角

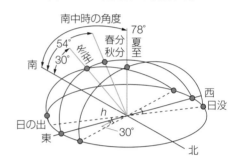

図3・5　季節別の太陽軌道（北緯36度）

表3・1　季節ごとの太陽位置と時間（北緯36°付近，関東地方，地方真太陽時による）

季節＼太陽位置	日の出	日没	南中時太陽高度
春・秋分	6時	18時	54°
夏　至	4時45分	19時15分	78°
冬　至	7時15分	16時45分	30°

太陽の放射エネルギー

太陽からの放射エネルギーのうち，地上に到達するものは可視光線と赤外線が大部分を占め，紫外線は1〜2%程度である（第2編第4章参照）．

❶　紫外線：380 nm 以下

化学線とも呼ばれ，生育・消毒・殺菌などの化学作用が強い．塗料などの退色作用もある．

❷　可視光線：380〜780 nm

光として明るさを与え，波長の長短によって赤から紫までの色を感じることができる．

❸　赤外線：780 nm 以上

熱線とも呼ばれ，加熱や乾燥といった熱作用を持つ．

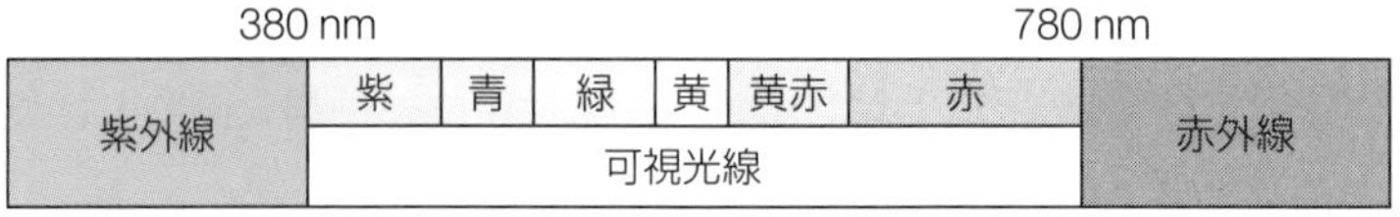

```
          380 nm                         780 nm
┌───────────┬───┬───┬───┬──┬──┬───────┬──────────┐
│           │ 紫 │ 青 │ 緑 │黄│黄赤│  赤   │          │
│  紫外線    ├───┴───┴───┴──┴──┴───────┤  赤外線   │
│           │           可視光線            │          │
└───────────┴──────────────────────────┴──────────┘
```

図3・6　太陽の放射エネルギーの分類

3-2 日照と日射

　建物を計画する際に，居住空間への日照と日射について検討する必要がある．太陽からは光（日照）と熱（日射）の影響を受けるが，効率的にその有益なエネルギーを取り入れるためにはどのような計画が必要かを学習する．

日　照

　太陽からの直射光をうけることを**日照**，その日照が障害物（建物など）に妨げられることを**日影**という．

可照時間と日照時間

　気象の分野においては，ある地点における日の出から日没までの時間を**可照時間**というが，天候などの影響により実際に日照があった時間を**日照時間**という（図3・7）．
　一方で，建築分野では晴天で1日中日照のある状況で，可照時間から周囲の建物などによる日影時間を差し引いた値を日照時間として取り扱う．

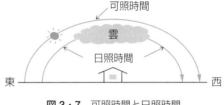

図3・7　可照時間と日照時間

日照率

　日照時間を可照時間で除した値を百分率としたものを**日照率**〔％〕という．
　※日照率＝（日照時間/可照時間）×100〔％〕

壁面の方位別可照時間（北緯 36 度付近）

　季節ごとの太陽位置を調べ，各壁面に受ける可照時間をまとめると表3・2のようになる．
　なお，壁面が受ける可照時間とは，太陽からの直射光があたる時間を示している．

表3・2　壁面の方位別可照時間（北緯36°付近，関東地方）

壁面の向き	冬至	春・秋分	夏至
南面	9 時間 30 分	12 時間	7 時間
北面	0	0	7 時間 30 分
東・西面	4 時間 45 分	6 時間	7 時間 15 分
水平面	9 時間 30 分	12 時間	14 時間 30 分

　また，南向き鉛直壁面の太陽の軌道および日照時間を図3・8に示す．この図より，南向き鉛直面の1日の可照時間は，春分および秋分の日が最長（12時間）となっており，夏至の日が最短（7時間）であることがわかる．

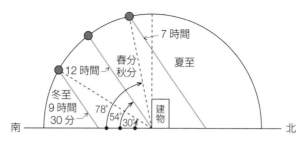

図3・8 季節別の太陽の軌道と南向き鉛直壁面の可照時間
（北緯36度付近）

日照時間と隣棟間隔

建物の配置を計画する場合，南北方向の隣棟間隔を日照条件から検討する．これは，太陽高度がもっとも低い冬至における必要な日照時間を定め，隣接する建物の高さとその地点の緯度によって図3・9から求めることができる．

例えば東京では4時間の日照を確保するための係数は1.9程度であるが，札幌では係数を2.6程度としなくてはならない．この図により，緯度の高い地域では日影が長くなり，前面隣棟間隔係数が大きくなる．

つまり，緯度の低い地域ほど北側建物との隣棟間隔を小さくすることができる．

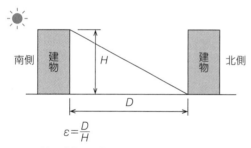

$$\varepsilon = \frac{D}{H}$$

ε：前面隣棟間隔係数
D：隣棟間隔〔m〕
H：日影を生じさせる部分の最高高さ〔m〕

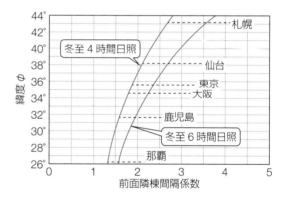

図3・9 前面建物と隣棟間隔

日 射

日射量

単位面積が単位時間に受ける太陽からの熱量を**日射量**といい，単位はW/m²である．建物が受ける日射量は，ある面の法線がその面に対して垂直である場合に最大となる．

その面の法線が傾斜すると，日射を受ける面積は大きくなるが，日射熱量は変わらないため，単位面積あたりの日射量は小さくなる（図3・10）．

直達日射量と天空日射量

　日射は，**直達日射**と**天空日射**（天空放射ともいう）
に大別される．

　直達日射量とは，太陽からの日射が大気を透過し，
直接地表に到達する日射量ことである．

　天空日射量とは，大気中の雲や塵あいなどによって
太陽からの日射が乱反射し，地表に到達する日射量の
ことである．

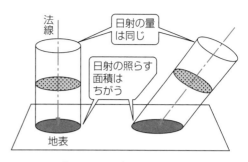

図3・10　日射量と日射面積

　なお，直達日射量と天空日射量を合計したものを全天日射量という．

太陽定数

　大気圏外において，太陽光線に直角な面が受ける熱量のことで，約 1367 W/m² である（図3・11）．

大気透過率

　太陽が天頂にある時に地表面に到達する直達日射量の太陽定数に対する割合をいう（図3・12）．大
気の透明度を示すもので，大気透過率は高いほど大気は澄んでおり，直達日射量も大きい．同時に大
気透過率が高いほど天空日射量は小さくなる．

　なお，晴天日の大気透過率は，冬期と比較して湿度の高い（空気中の水蒸気が多い）夏期のほうが
小さい傾向がある．

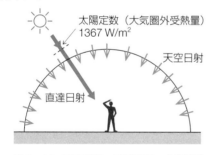

図3・11　直達日射・天空日射・太陽定数

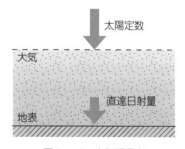

図3・12　大気透過率

夜間放射（実効放射）

　地表面から大気圏外に向けて行われる放射を地表面放射（地
球放射）といい，大気は日射と地表面放射の一部を吸収し，大
気圏外および地表面に向け再放射を行う．その再放射のうち，
地表面に向けた放射を下向き大気放射と呼ぶ．

　夜間放射とは，地表面放射量と下向き大気放射量の差をい
い，快晴時に大きく，曇天時に小さくなる傾向がある（図3・13）．

　また，夜間放射量は，雲量が多いほど，雲高が低いほど，地
表面放射が雲により吸収され，かつ下向き大気放射によって地
表面に戻されるため，小さくなる．

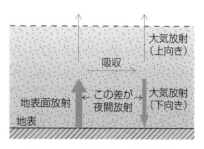

図3・13　夜間放射（実効放射）

建物の日射量

建物が受ける日射熱取得は直達日射がもっとも大きい．北緯36度付近における南中時太陽高度と日射量を，図3・14に示す．

図3・14より，夏至水平面＞冬至南壁面＞冬至水平面＞夏至南壁面といった大小関係となる．

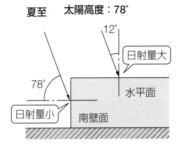

図3・14　南中時の太陽高度と日射量（北緯36°付近）

終日日射量

1日の日射量を合計したものを**終日日射量**という．図3・15に，年間を通じた各方位の鉛直壁面と水平面の終日日射量の変化を示す．

図3・15より，夏至と冬至および春分・秋分における終日日射量の大小関係は下記のようになる．

・夏至：水平面＞東西面＞南面＞北面
・冬至：南面＞水平面＞東西面
・春分・秋分：水平面＞南面＞東西面

なお，年間を通じて東西面の終日日射量は等しくなる．

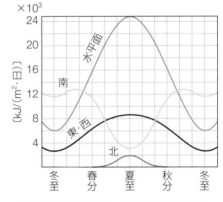

図3・15　鉛直壁面・水平面の終日日射量

日照と日射の調整

太陽からの放射による建物への影響を効果的に利用することは，冷暖房の負荷を低減させ，照度を調整するといった住環境性の向上と省エネルギー化を実現する手法である．

窓からの日照と日射の調整

❶ 庇と水平ルーバー

南側の庇や水平ルーバーの設置は，太陽高度の高い夏期は日射を遮へいすることができ，冬期は太陽高度が低いため日射を室内に導入することを妨げない利点がある．

一方で，西面では太陽高度が低いため効果が見込めないため，縦型ルーバーや格子型のルーバーが有効である．

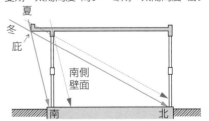

図3・16　庇による南壁面の日照調整

❷ ライトシェルフ

窓開口部の途中に庇や水平ルーバーを設けて，それによる直射光の反射を室内に導入する手法（図3·17）．窓近くのグレアを緩和させ，室奥へ自然光を導くことが可能である．なお，シェルフとは棚のことである．

特に窓上部に拡散性の高いガラスを採用すると，より自然光による室奥への照度上昇に役に立ち，均斉度も改善される．

❸ 熱線反射ガラス・熱線吸収ガラス

熱線反射ガラスは，ガラス表面に金属成分をコーティングなどしたハーフミラー状のガラスであり，高い日射遮へい効果が期待できるが，可視光線透過率が低いため採光面では不利である（図3·18）．

熱線吸収ガラスは，ガラス中に金属成分を加えた着色ガラスであり，室内側への再放射量があるため，日射遮へい効果は熱線反射ガラスに劣る（図3·18）．

なお，日射遮へいは夏期の冷房負荷低減には有効であるが，冬期の暖房負荷低減にはならない．

また，ブラインドは窓ガラスの屋内側に設けた場合，窓を透過した日射が室内に拡散してしまうため，屋外側に設けたほうが日射熱を防ぐことができる．

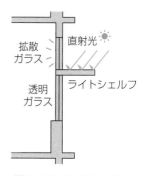

図3·17 ライトシェルフ

右側余白：2編 3章 日照・日射

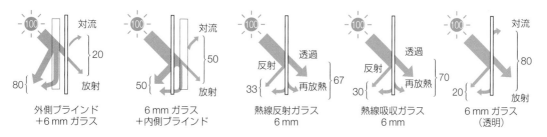

図3·18 各種ガラスの日射遮へい性能

外側ブラインド +6 mm ガラス

6 mm ガラス +内側ブラインド

熱線反射ガラス 6 mm

熱線吸収ガラス 6 mm

6 mm ガラス （透明）

❹ Low-E ガラス（Low Emissivity＝低放射率）

赤外線（長波長域）を反射し，可視光線を透過する特殊なガラスで，特殊金属による低反射膜をガラスの表面にコーティングしている（図3·19）．

採光性および透過性を確保しつつ，日射遮へいと断熱性を向上させる目的で，主として複層ガラスに使用されることが多い．

なお，破損や劣化防止のため，コーティング面は中空層の内面に設けるが，断熱性を目的とする場合は中空層の室内側，日射遮へい効果を期待する場合は中空層の室外側とする方が適している．

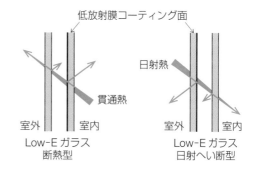

図3·19 Low-E ガラス

窓ガラスの日射熱取得率

ある部分にあたる日射量のうち，室内に流れ込む割合を**日射熱取得率**という．

とくに窓ガラスの場合は，透過する成分と，いったんガラスに吸収された成分のうち，室内側へ放出される成分との合計として表す．

窓ガラスの日射遮へい係数

窓ガラスの日射遮へい係数は，厚さ 3 mm の普通透明ガラスの日射熱取得率を基準として表した日射遮へい性能の指標である．

なお，日射遮へい係数はその値が大きいほど，遮へい効果が小さい．

※日射遮へい係数＝日射熱取得率／厚さ 3 mm の普通透明ガラスの日射熱取得率（≒0.88）

壁体からの日射熱の防止

特に夏期において，壁面から流入する日射熱を軽減する手法を下記に示す．

❶　外部壁材の屋外側表面は白色系の塗装仕上げ，白色系ペイントとすると，日射吸収率が小さい．

❷　外部壁材の内部には断熱層を設ける．

❸　外部壁内の中空層部分にはアルミ箔を張り，通気層を設けることで熱気を排出する．

相当外気温度（SAT : Sol Air Temperature）

外壁が日射を受けた場合，日射の強度に応じて外気温が仮想的に上昇したと考える温度のことを**相当外気温度（SAT）**という．

相当外気温度は外壁表面の熱伝導率[※1]に影響されるため，外部風速が大きいほど，熱伝導率が大きくなり，相当外気温度は小さくなるため，相対的には日射熱の影響は小さくなる．

※1　熱伝導率については，第 2 編第 2 章を参照．

3-3 日 影

建物を計画する際に，その建物の北側にどのような影が落ちるのかを検討する．それは近隣の建物に対する住環境への影響を一定の範囲内に収めるためである．

なお，建物の日影の検討は，影の長さが最長である冬至が基準となる．

日影曲線図

日影曲線

地面に垂直に棒（高さ1m）を立てると，その影の先端は1日の太陽の動きにしたがって曲線を描く．これを**日影曲線**という（図3·20）．

日影曲線は，季節によって異なる曲線を描き，その曲線は地域の緯度の違いからずれを生じる．この日影曲線は，太陽高度（h）と太陽方位角（α）がわかれば描くことができる．

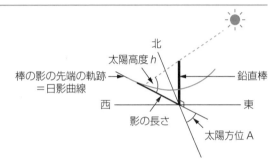

図3·20 太陽の位置と日影曲線

日影曲線図

図3·21に日影曲線図を示す．日影曲線図の破線は時刻（地方真太陽時）を示し，時刻線と呼ぶ．この時刻線と日影曲線の交点から棒の位置まで引いた線が，その時刻における棒の影であり，方位角（α）がわかる（図3·22）．

棒の影の長さは，同心円で示され，同心円の末端に書いてある数値は，棒の長さを1としたときの倍率を表している．その倍率を，実際の建物高さに乗じることで，その建物による影の長さを知ることができる．

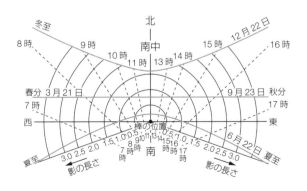

図3·21 日影曲線図（北緯36度付近）

図3·22 日影曲線図の見方

日影時間図

　建物による日影時間の等しい点を結んだものを等時間日影線といい，その時間線が n 時間である
ものを n 時間日影線と呼ぶ．等時間日影線を，ある時間ごとに描いた図表を日影時間図という．日
影時間図は，その建物による日影時間の位置と範囲を示し，日影線の内側が日影の範囲である．

n 時間日影線

　図 3・23 に日影図と n 時間日影線を示す．

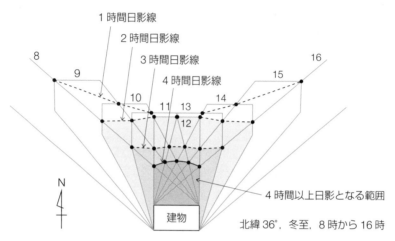

図 3・23　n 時間日影線と日影図

　例えば，8 時と 9 時の日影の交点など 1 時間おきに日影の交点を結ぶと，1 時間の日影線がわかる．
2 時間おきであれば 2 時間日影線となり，4 時間おきであれば 4 時間日影線であり，それぞれ 2 時間
および 4 時間以上日影となる範囲を示す．

　なお，4 時間以上日影となる範囲は建築基準法第 56 条の 2（中高層建築物の日影規制）に基づき，
条例で指定される規制部分である．4 時間以上日影となる範囲は，8 時と 12 時，10 時と 14 時，12
時と 16 時の日影の交点を結ぶことでわかる．建物の形状が日影規制（4 時間以上日影となる範囲）
におよぼす影響は，建物の高さよりも東西方向の幅によるもののほうが大きい．

　また，日影図において日影時間の等しい点を結んだ図表を等時間日影と呼ぶ．

複合日影と島日影

　複数の建物が東西方向に並ぶ場合，建物間に複雑
な形状の日影を生じ，これを複合日影という．複合
日影となる場合，その建物間から離れた位置に，島
状に周囲よりも日影時間が長い部分を生じる．これ
を島日影と呼んでいる．

　図 3・24 では，5 時間以上日影となる部分が島日
影となる．

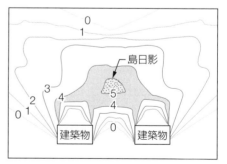

図 3・24　複合日影と島日影

終日日影と永久日影

建物の配置や平面形状によっては，1日中日影となってしまう部分を生じることがあり，これを**終日日影**という（図3·25）.

特に，真北方向に大きく突出した平面形状を持つ建物は，冬至に終日日影を生じる.

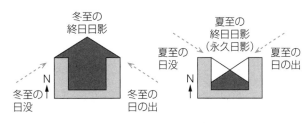

図3·25 終日日影と永久日影

また，もっとも日照に有利である夏至において終日日影になる部分は，年間を通じて日影となってしまうため，この部分を**永久日影**という（図3·25）.永久日影は，北側に面して凹部をもつ平面形状の建物で生じやすい.

日差し曲線と日照図表

日差し曲線

日差し曲線とは，地平面上の固定された点が，その周囲の建物からどのような日照影響を受けるかを検討する際に使用され，日影曲線と点対称の関係にある（図3·26）.

日差し曲線では，原点0上に距離Pの水平面を考えて，太陽と原点0を結んだ線が，その水平面と交わる点の1日の軌跡を描いたものである.

日照図表

日差し曲線で描かれる平面と視点との基準高さ（0′～P）を段階的に変えて得られる多数の日差し曲線を1つの図表にまとめ，冬至など特定日について作成したものを**日照図表**という（図3·27）.

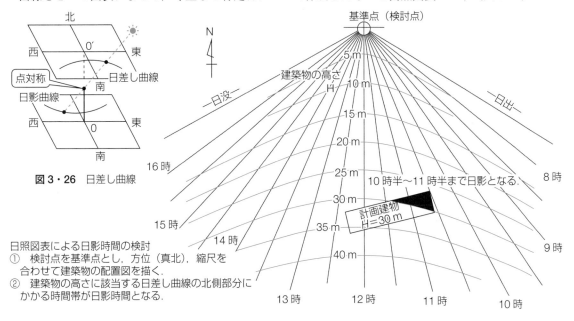

図3·26 日差し曲線

日照図表による日影時間の検討
① 検討点を基準点とし，方位（真北），縮尺を合わせて建築物の配置図を描く.
② 建築物の高さに該当する日差し曲線の北側部分にかかる時間帯が日影時間となる.

図3·27 日照図表

解いて理解！

【問題1】　日照・日射に関する次の記述のうち，**最も不適当なもの**はどれか．
1.　窓の日射遮へい係数は，その値が大きいほど日射の遮へい効果は低い．
2.　わが国において，南向き鉛直壁面の日照時間は，春分の日および秋分の日が最も長い．
3.　わが国において，開口部に水平な庇（ひさし）を設ける場合，夏期における日射の遮へい効果は，東西面より南面の方が高い．
4.　天空日射量は，一般に，大気透過率が高くなるほど減少する．
5.　大気放射は，日射のうち，大気により吸収，散乱される部分を除き，地表面に直接到達する日射の事である
（二級建築士　H 29　学科 I　No. 7 改）

【解説】　大気放射は，大気が射出する熱放射をいう．設問は，直達日射の説明である．　【解答】　(5)

【問題2】　日照・日射に関する次の記述のうち，**最も不適当なもの**はどれか．
1.　北半球において，東西方向に長い形状の集合住宅が並行に 2 棟建つ場合，緯度が低い地域ほど北側住棟の低層階に同じ日照時間を確保するために必要な隣棟間隔を，小さくできる．
2.　北緯 35 度の地点において，春分の日と秋分の日における南中時の太陽高度は，約 55 度である．
3.　わが国においては，北向き鉛直面に直達日射を受けない．
4.　夏至の日の居室の冷房負荷は，開口部を南面に設けるより，西面に設けるほうが大きい．
5.　冬至の日の 1 日あたりの直達日射量は，水平面より南向き鉛直面の方が大きい．
（二級建築士　H 26　学科 I　No. 7 改）

【解説】　わが国では，春分から秋分までの間，東西軸より北側で日の出・日の入りする．したがって，北向き鉛直面は春分から秋分までの約半年間直達日射を受ける．　【解答】　(3)

【問題3】　日照・日射に関する次の記述のうち，**最も不適当なもの**はどれか．
ただし，大気透過率は等しいものとし，他に日射を妨げる要素はないものとする．
1.　終日日影とは，建物などによって，一日中日影になる部分をいう．
2.　天空日射量とは，日射が大気中で散乱した後，地表に到達する日射量をいう．
3.　北緯 35 度付近における冬至の終日日射量は，南向き鉛直面がほかのどの向きの鉛直面より小さい．
4.　北緯 35 度の地点において，快晴日の夏至の積算日射量は，南向き鉛直面より水平面の方が大きい．
5.　窓の日射遮へい係数は，その値が大きいほど，日射の遮へい効果が小さい．
（二級建築士　H 22　学科 I　No. 7）

【解説】　冬至における建物の水平面および鉛直面が受ける終日日射量の大小関係は，「東・西面＜水平面＜南面」となり，南向き鉛直面が，どの向きの面より大きい．　【解答】　(3)

【問題4】 日照・日射に関する次の記述のうち，**最も不適当なもの**はどれか．

1. 日照率は，可照時間に対する日照時間の割合である．
2. 夏期において，開口部から侵入する日射熱をブラインドによって防止する場合，窓の屋外側より窓の屋内側に設けるほうが効果的である．
3. 日射量は，ある面が受ける単位面積・単位時間あたりの日射エネルギー量で表され，その単位はW/m²である．
4. わが国において，経度が異なる地点であっても，緯度が同一であれば，同じ日の南中時太陽高度は等しい．
5. わが国において，経度および緯度の異なる地点であっても，冬至の日と夏至の日の南中時太陽高度は等しい． (二級建築士 H23 学科Ⅰ No. 6改)

【解説】 ブラインドやルーバーを窓の屋内側に設けると，窓を透過した日射が室内に拡散するため，屋外側に設けるほうが日射熱の侵入防止には効果的である． 【解答】 (2)

【問題5】 図は北緯35度の地点において，水平面に建つ建築物の概略図である．この建築物の平面配置に応じた冬至の日における終日日影の範囲として，**最も不適当なもの**はどれか．

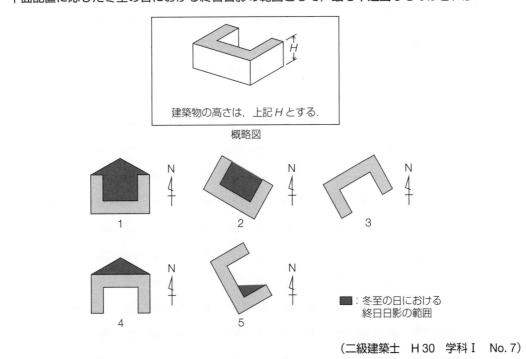

建築物の高さは，上記Hとする．

概略図

■：冬至の日における終日日影の範囲

(二級建築士 H30 学科Ⅰ No. 7)

【解説】 北緯35度地点での，冬至の日の終日日影は右図のような範囲となる．これは冬至の日の太陽が，東西軸より30度程度南側より日の出，日の入りするためである． 【解答】 (5)

第2編　建築環境工学

4章

光

4-1　採光
4-2　照明

4-1 採光

室内を明るくするために，昼光（＝自然光）を光源として用いることを採光という．採光を計画する際には測光量をはじめとする「明るさの定義」について正しく認識することが必要である．測光量とは，放射量を眼の感度で補正して，人の目で見た明るさに換算した値のことである．

光と色

目の構造と視細胞

目は図4・1のような構造である．目に入った光は，角膜→虹彩→水晶体と進み，網膜で像を結ぶ．網膜には，錐状体と桿状体という2つの視細胞があり，これらの受けた刺激が信号として脳に伝わることで，ものが見える．明所で働く錐状体は色を見分けることができ，暗所で働く桿状体は明暗を見分けることができる．

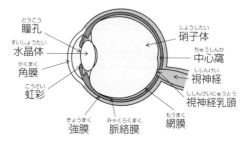

図4・1 目の構造

可視光線と可視波長域

人の目で見ることができる光を**可視光線**という．電磁波のうち380～780 nm（ナノメータ＝1/10億メートル）の波長の範囲であり，この範囲を**可視波長域**という（図4・2）．知覚される色と波長の関係は，青紫（380-430 nm），青（430-490 nm），緑（490-550 nm），黄（550-590 nm），橙（590-640 nm），赤（640-780 nm）である．380 nm以下の紫外線や780 nm以上の赤外線は見ることはできない．

紫外線	可視光線					赤外線
	青紫	青	緑	黄	橙　　赤	

380 400　　　500　　　600　　　700　780 nm

図4・2 可視波長域

比視感度

可視波長域において，図4・3のように人の目は等しい感度を持っているのではなく，明所視では，555 nm（黄緑）を最も強く感じ，暗所視では，やや短波長寄りの507 nm（青緑）を最も強く感じる．最大の視感度を1.0としたとき，これに対する他の波長の視感度の相対比を標準比視感度曲線という．暗所視では感度のピークが短波長側にずれるため，赤い色を暗く感じ，青い色を明るく感じる．この現象のことをプルキンエ現象という．

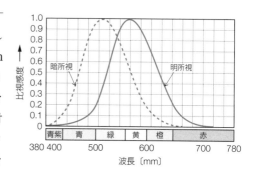

図4・3 標準比視感度曲線

測光量

測光量とは，放射量を眼の感度で補正して人の目で見た明るさに換算したもので，光束，光量，光度，照度，光束発散度，輝度がある．

光束 F（単位 lm：ルーメン）

単位時間に，光源から放射されるすべてのエネルギーのうち，人の目に光と感じる量を表し，単位は lm（ルーメン）である．（図4・4）

図4・4 光束ルーメン

光度 I（単位 cd：カンデラ）

点光源から，ある特定の方向（立体角）に出射される光の強さを表し，単位は cd（カンデラ）である（図4・5）．光源からの距離にかかわらず，光度の値は一定である．

$$I = \frac{dF}{d\omega} \ \text{[cd]}$$

I：光度〔cd〕　dF：出射光束〔lm〕
ω：出射方向の立体角〔sr〕

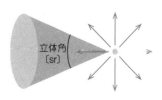

図4・5 光度カンデラ

立体角は，球の中心からできる錐体の球面状の面積を，球の半径の二乗で割った値で，錐体の開く度合いを表している．中心からの立体角を 1 sr（ステラジアン）と定義し，この立体角の中にどのくらいの光束があるのかを表したものである．光束を lm，立体角を sr とすると，光度は lm/sr（ルーメン毎ステラジアン）となる．

照度 E（単位 lx：ルクス）

光を受ける面に入射する光束を，単位面積あたりの値に換算したもので，単位は lx（ルクス）である（図4・6）．1 lx は，1 m^2 の平面に 1 lm の光束が入射するときの照度を表す．光束を lm，面積を m^2 とすると，照度は，lm/m^2（ルーメン毎平方メートル）となる．照度は距離が決まると一定の数値になる．

$$E = \frac{dF}{dS} \ \text{[lx]}$$

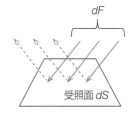

図4・6 照度ルクス

E：照度〔lx〕　dS：照度を求める面の面積〔m^2〕　dF：照度を求める部分に入射する光束〔lm〕

机上など水平な面に平行に測定を行った照度を水平面照度，鉛直の場合を鉛直面照度と呼ぶ．

光束発散度 M（単位 rlx：ラドルクス）

光束発散度とは，ある面から出射する光束を単位面積あたりの値に換算したものである（図4・7）．光束発散度は，対象となる面の反射率が高いほど大きい値となる．反射面における光束発散度 M は，照度に反射率 ρ を乗じることで計算できる．

$$M = \rho E$$ 　　M：光束発散度〔rlx〕　ρ：反射率〔－〕　E：照度〔lx〕

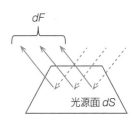

図4・7 光束発散度
ラドルクス

2編
4章

光

輝度 L（単位 cd/m^2：カンデラ毎平方メートル）

光源だけでなく，照明された反射面や透過面などの2次光源（光っているもの全部）を，目で見た時に感じる明るさが輝度で，見やすさやグレアの評価に用いられる（図4・8）．受照面の反射率が高いほど多くの光のはね返りで眩しく感じ，数値が大きくなる（図4・9）．

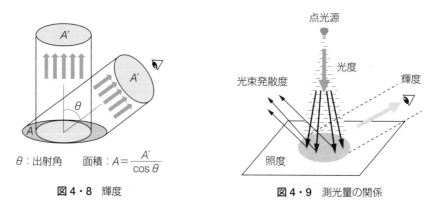

θ：出射角　　面積：$A = \dfrac{A'}{\cos\theta}$

図4・8 輝度

図4・9 測光量の関係

基本の照明計算

照度の逆二乗の法則

点光源のその方向の光度が I〔cd〕のとき，R〔m〕の距離における光の方向に垂直な面の照度は，光度に比例し，距離の2乗に反比例する．照度は光度に対して距離の二乗に反比例する．

$$E = \frac{I}{R^2} \text{〔lx〕} \qquad E：照度〔lx〕 \quad I：光度〔cd〕 \quad R：距離〔m〕$$

光源から放射状に放出される光束は，図4・10のように距離が大きくなるにしたがって広がり，単位面積あたりの光度は減り，そのため照度が小さくなる．照度は，距離の2乗に反比例して減少するので，距離が2倍になると照度は1/4になり，距離が3倍になると照度は1/9になる．

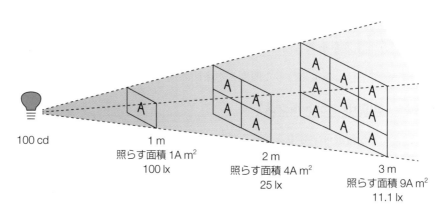

100 cd

1 m
照らす面積 1A m^2
100 lx

2 m
照らす面積 4A m^2
25 lx

3 m
照らす面積 9A m^2
11.1 lx

図4・10 距離の逆二乗の法則

入射の余弦法則

斜めから入射する光に対して，照度は入射角の余弦（cosine）に比例した量となる．同じ光束が面を照らすとき，垂直入射に対し，斜入射は照射面の面積が大きくなり，その分照度が小さくなる（図4・11）．

$$E=\frac{I}{R^2}\cos\theta \text{〔lx〕}$$

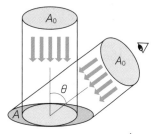

θ：入射角　　面積：$A=\dfrac{A_0}{\cos\theta}$

図4・11 余弦法則

E：照度〔lx〕　I：光度〔cd〕　R：距離〔m〕
θ：点光源の直下方向と観測点とのなす角〔°〕

反射率と明るさ

面に光束が入射すると，一部の光束は反射し，二次発光面となる．入射光束に対する反射光束の比が反射率である．壁面の仕上げ材や色によって光束の量が変わるため，部屋の明るさが変わる．

均等拡散面

どの方向からみても同じ明るさ，つまりその輝度が等しい面を均等拡散面という．

明 視

視対象や文字などがよく見えることを明視という．

明視性の4条件

❶ 明るさ：視対象が明るいほど見やすいが，明る過ぎても判別できない．
❷ 対比：視対象とその周りに輝度の差（輝度対比）がないと，対象物を判別できない．
❸ 大きさ：視対象が大きいほど見やすい．小さすぎると，まわりと見分けがつかない．
❹ 時間：視対象の動きが少ないほど見やすく，高速で移動する場合や，瞬間的にしか現れない場合は見ることができない．

照度の均斉度
（きんせいど）

$$\text{均斉度}=\frac{\text{作業面の最低照度}}{\text{作業面の最高照度}} \quad \text{または} \quad \frac{\text{作業面の最低照度}}{\text{作業面の平均照度}}$$

均斉度とは室内の照度の均一さのことであり，均斉度が高いと照度分布にムラが少ないため，目が疲れにくい．作業面とは，壁から1 m以内の領域を除いた，机上面に相当する床上70〜80 cmの位置をいう．

グレア

グレア

グレアとは眩しさのことで，視野内に高輝度な点や面あるいは極端な輝度対比があると，視力低下や，目の疲労，不快感を感じる．グレアは，光源からの直接の光によって起こる直接グレアと，反射光によって起こる反射グレアなどに分類される．

光幕反射

机上面の印刷物などに光が反射し，輝度対比が小さくなることにより，文字などが読みにくくなるグレアのことを**光幕反射**といい，視線方向へ正反射する位置に光源を配置しないことで防止できる．黒板の字が，窓などからの光を反射して見えにくくなるのも光幕反射による．

ルーバー

ドアや窓などに設けられ，幅の狭い羽根板をブラインドのように並べたものを**ルーバー**という．照明設備にルーバーを取り付けた場合，一定の遮光角を得ることでグレアの防止に効果があるが，ルーバーによって室全体が暗くなるため，取り付け前と同様の平均照度を維持するには，照具の消費電力を上げる必要がある．

輝度比

視対象とその周辺や背景との輝度の比を**輝度比**という．視対象と室内全体の輝度比が，適切であれば目の疲労が少ない．

照度基準

照明設計の基本となる**照度基準**が，場所や作業内容ごとに JIS 規格によって制定されている．

表 4・1　JIS 照度基準

照度 lx	20	50	100	200	300	500	750	1000
事務所		非常階段 （屋内）	休憩室	洗面所 更衣室 書庫	受付 化粧室 EV ホール	会議室 制御室	事務室 役員室 玄関ホール	設計室 製図室
住宅	寝室全般	居間全般	書斎全般 玄関全般	団欒 娯楽	台所調理台 化粧 食卓	読書 （寝室・ 居間）	読書 （書斎）	手芸 裁縫
共同住宅				ロビー EV ホール	集会室	管理事務所		

美術館の推奨照度：日本画の場合 150 lx〜300 lx，洋画の場合 300 lx〜750 lx.

採　光

採光とは，室内を明るくするために，昼光（＝自然光）を光源として用いることをいう．

全天空照度

昼光は，直射光と天空光に分けることができる．天空光とは直射日光を除く，天空のあらゆる方向から地上に到達する光のことをいう．**全天空照度**は，気候や時刻などで大きく左右されるため，設計時には設計用全天空照度を用いて計算する（表4·2）．全天空照度は，直射日光を含まないため，散乱光の多い薄曇りの特に明るい日の方が，快晴の青空よりも5倍も高い．必要最低照度を確保するには暗い日（5000 lx）が，標準状態としては普通の日（15000 lx）が用いられる．

昼光率

昼光率とは，天空光が室内のある点にどれくらい到達するかの割合を表す．室内の受照点の照度（＝直接照度＋間接照度）と全天空照度の比をとって明るさの指標としたもので，屋外照度の時間的な変化や天候に影響されない（図4·12）．昼光率は直接光による直接昼光率と，壁や天井などの反射光による間接昼光率の合計として求められる．

$$昼光率\ D=\frac{室内のある点の昼光による照度\ E}{全天空照度\ Es}\times100〔\%〕=直接昼光率\ Dd+間接昼光率\ Dr$$

表4·2　設計用全天空照度

条件	全天空照度〔lx〕
特に明るい日（薄曇り）	50000
明るい日	30000
普通の日（標準の状態）	15000
暗い日（最低の状態）	5000
非常に暗い日（雷雲，降雪中）	2000
快晴の青空	10000

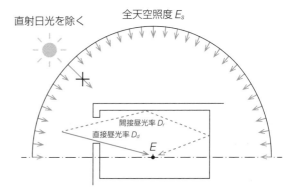

図4·12　全天空照度と昼光率

直接昼光率 Dd: Dd＝ZMRU

直接光による昼光率を**直接昼光率 Dd** という．

　　　$Dd=ZMRU$

　　Z：窓ガラスの透過率〔－〕　　M：保守率（汚れなど）〔－〕
　　R：窓面積有効率（窓枠などを除いた有効割合）〔－〕　　U：立体角投射率〔－〕

ZMR は窓に関する値であり，この条件を無視すると $Dd=U$ となり，直接昼光率は立体角投射率と一致する．

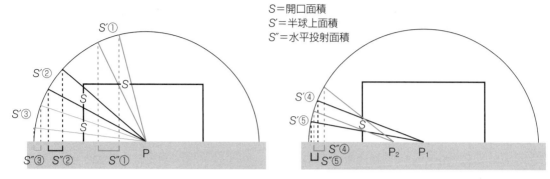

S＝開口面積
S'＝半球上面積
S''＝水平投射面積

図4・13 立体角投射率と水平投射面積

立体角投射率 U

水平投影面積 S'' は窓の位置が高いほど大きくなる→図4・13左 $S''①>S''②>S''③$. また窓に近いほど, 大きくなる→図4・13右 $S''④>S''⑤$. 水平投影面積 S'' が大きくなると立体角投射率 U は比例して大きくなるため, 直接昼光率も大きくなる.

間接昼光率 Dr

窓から入射した光による, 壁や天井などからの反射で得られる間接光による昼光率のことをいう.

基準昼光率

全天空照度を普通の日の 15000 lx として JIS の照度基準を満たすように定めた昼光率を**基準昼光率**という. 普通教室, 事務室は 300 lx 程度（2%）とし, 精密製図は 750 lx 程度（5%）とする.

採光計画

側窓採光（サイドライト）

壁面に設けられた鉛直な窓を側窓という. 最も一般的である側窓採光は, 開放感があり, 通風や遮熱に有利で眺望を得られるが, 均斉度が低くなりやすく, 光が十分に取り入れられない場合がある.

頂側窓採光（ハイサイドライト）

頂側窓とは, 天井面近くの高い位置に, 鉛直に設置される窓のことである. 北側採光にすると, 直接日光がほとんど入らず, 安定した光環境が得られる. 通常の側窓に比べて, 均斉度が高く, 壁面の照度も高くすることができるので, 美術館の展示室などに適する.

片側採光

片側採光は光幕反射が起こりにくく立体感が得やすいが, 照度分布が不均一になる.

天窓採光（トップライト）

建物の屋根部分に設けられた窓を天窓という．窓の大きさの割に高照度が得られるが，天井面との輝度対比によるグレアを生じやすく，直射日光を遮へいしにくい．清掃や雨漏り対策などについても問題がある．

窓ガラスの種類

窓からの採光において，透明ガラスを用いる場合よりも，光の拡散性が高いすりガラスなどを用いる場合の方が，室内へ光が拡散し，均斉度は高くなる．

解いて理解！

【問題1】　昼光・日照に関する次の記述のうち，**最も不適当なもの**はどれか．
1. 光束は，ある面を単位時間に通過する光の放射エネルギーの量を，視感反射率で補正した値である．
2. 100 cd の点光源で照らされた距離 1 m，入射角が 60 度の場合の照度は，50 lx である．
3. 昼光率は，天空の輝度分布が一様であれば，全天空照度の影響を受けない．
4. 光幕反射を減らすためには，光が視線方向に正反射する位置に光源を配置しないことが重要である．
5. 長時間の精密な視作業のための基準昼光率は，2% である．

（一級建築士　H 24，H 28　学科 II　No. 7 改）

【解説】
1. 光束をはじめ**すべての測光量は，人の目で補正された値**である．
2. 点光源からの光源を，斜め（入射角 $\theta=60°$）に受ける場合の水平面照度は，余弦の法則によって求めることができる．水平面照度 $=\dfrac{光度}{距離^2}\cos 60°=\dfrac{100}{1^2}\times\dfrac{1}{2}=50$ lx となる．
3. 昼光率とは，採光の良し悪しを判断するために，**室内のある点における屋外照度の時間的な変化に影響されない指標**として定義されている．天空の輝度がどの方向から見ても一様であれば，全天空照度が時刻や天候で変化しても，室内のある点における水平面照度も同様に変化するため，昼光率は影響を受けない．
4. 机上の書類などの光の反射によって，輝度対比が小さくなり，字などが読みにくくなるグレアを光幕反射といい，黒板などがみえにくくなるのも光幕反射のためである．光幕反射を防止するには，光が視線方向に正反射する位置に光源を配置しないことが重要である．
5. 基準昼光率は，全天空照度を**普通の日の 15000 lx** として JIS の照度基準を満たすように定めた昼光率である．屋内での長時間の**精密な視作業のための基準照度は 750 lx** であり，基準昼光率は 5% となる．

【解答】　(5)

71

【問題2】　図のような窓を持つ直方体の室がある．この室内にある机の上の点Ｐにおける昼光率および照度に関する次の記述のうち，**最も不適当なもの**はどれか．ただし，窓の外には昼光を遮る障害物はないものとする．

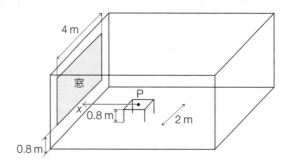

1. 点Ｐにおける水平面照度は，窓面における屋外側の鉛直面照度に昼光率を乗じた値となる．
2. 室内の内装材を暗い色にすると，点Ｐにおける昼光率は小さくなる．
3. 窓ガラスが完全透過で，窓面に占める窓枠などの面積割合が十分に小さく，かつ，間接照度を無視できる時，点Ｐにおける昼光率は，その点における窓面の立体角投射率にほぼ等しい．
4. 机の位置をx軸にそって窓面に近づけると，点Ｐにおける窓面の立体角投射率は大きくなる．

（一級建築士　Ｈ30　学科Ⅰ　No.7）

【解説】

1. 昼光率 D は $\dfrac{\text{室内のある点の水平面照度}}{\text{全天空照度}} \times 100\%$ で定義されるので，室内のある点における水平面照度は**全天空照度にその点の昼光率を乗じた値**となる．

2. 室内の内装材を暗い色にすると，天井や壁からの**反射率が小さくなり，間接昼光率が小さくなる**．**昼光率は，天空からの直接昼光率と，天井や壁からの反射光による間接昼光率との合計**であるため，間接昼光率が小さくなった分，昼光率は小さくなる．

3. 天空のみが見え，窓の条件を除くことができ，かつ間接照度を無視できるとなると，昼光率は直接昼光率を求めることになり，$Dd = ZMRU$ の式をあてはめると**昼光率＝直接昼光率＝立体角投射率**となる．

4. **水平面投影面積に比例して立体角投射率は大きく**なる．Ｐ点が窓に近づけば，Ｐ点からみた窓の大きさは大きくなるため，立体角投射率は大きくなる．　　　　　　　　　【解答】（1）

【問題3】 採光・照度などに関する次の記述のうち，**最も不適当なものはどれか**．

1. 一つの側窓を有する室内のある点における昼光率は，一般に，窓からの距離が遠くなる程低くなる．

2. 事務室において，細かい作業を伴う事務作業の作業面に必要な照度は，一般に，1000 lx 程度とされている．

3. 冬期における北向きの側窓によって得られる室内の照度は，一般に，薄曇りの時より晴天時の方が高い．

4. 反射グレアは，視対象そのものや視対象の方向のショーウインドウなどに，輝度の高い部分が反射して生じるグレアである． (二級建築士 H30 学科Ⅰ No.8)

【解説】

1. 昼光率は，窓の高さや位置，数，形や面積，素材の他，建物や内装などの要素によって変化する．

2. JIS では推奨照度が制定されている．住宅での団欒は 200 lx 程度，食卓や洗面には 300 lx 以上，読書には 300 lx〜750 lx 程度，机上での細かい作業には 1000 lx 程度である．

3. 冬期には太陽光の直射による入射はないため，北向きの側窓によって得られる室内の照度は全天空照度によるものである．全天空照度は，薄曇りの時よりも晴天時のほうが低い．

4. グレアとは眩しさのことで，反射光による反射グレアと，光源からの光による直接グレアとに分類される． 【解答】 (3)

2編
4章

光

ここが大事！

＊測光量のそれぞれの定義や用途，違い
- ・測光量はすべて人の目の感度で補正されている．
- ・測光量：光束〔lm〕，光度〔cd〕，照度〔lx〕，発散拡散面〔rlx〕，輝度〔cd/m²〕．

＊照度の逆二乗の法則と余弦の法則
- ・逆二乗の法則：照度は距離の二乗に反比例する．
- ・余弦の法則：斜入射の照度は，入射角の余弦（cosine）に比例する．

＊明視の4条件とグレア
- ・明視の4条件：明るさ，対比，大きさ，時間．
- ・グレアの種類・防止方法．

＊昼光率
- ・昼光率＝直接昼光率＋間接昼光率．
- ・直接昼光率＝立体角投射率（窓に関する値を除く場合）．
- ・立体角投射率の高さと窓の条件（高さや位置など）．

＊JIS 照度基準

4-2 照　明

　ランプには，色温度や演色性などそれぞれ特性や特徴がある．それらを正しく理解することによって，ランプの利点を活かした選択ができ，空間に相応しい照明計画を立てることができる（表4·3）．

人工光源の特性

色温度

　光色を数値で表したものが**色温度**である．黒体を熱したときの温度と光色の関係を基準とし，絶対温度K（ケルビン）で表す．色温度が高くなるに従って，光色は赤→橙→黄→白→青と変化する（図4·14）．
　色温度が低い光源（赤みを帯びた光色）は，低照度では落ち着いた暖かい雰囲気になるが，高照度になると暑苦しい感じとなる．色温度が高い光源（青みを帯びた光色）は，高照度では涼しく爽快な雰囲気になるが，低照度になると陰うつな感じとなる．
　色温度（光源の色み）が同じでも，光源の分光分布が異なれば，演色性は異なる．

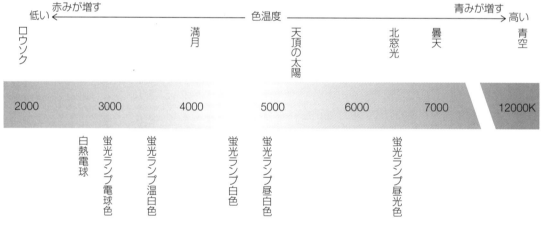

図4·14　代表的な光源と色温度

演色性

　物体色の見え方を決定する光源の性質を演色性といい，光源の分光分布によって決まる（図4·15）．演色性の評価は**演色評価数**で判断する．

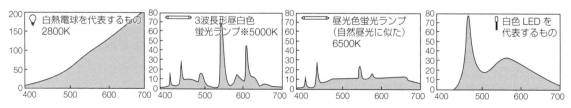

図4·15　代表的なランプの分光分布

演色評価数

演色評価数は，基準光源と試験光源を比べ，色の見えの差を 100 から差し引いた値で，100 に近いほど演色性が良く，本来の色に近い見えかたをする．

エネルギー消費効率〔lm/W〕 ルーメン/ワット

1 W で得られる明るさのことで，値が大きいほど電気エネルギーが光になりやすく，経済性が高い．

寿 命

白熱電球ではフィラメントが切れるまで，他のランプでは初期の発散光束が一定値以下となるまでの時間で定義されている．

ランプの種類と特徴

白熱ランプ

白熱電球：フィラメントによる発光．演色性が良く調光も容易だが，寿命が短く，ランプ効率が低いため生産中止に至っている．

ハロゲン電球：ハロゲン物質を封入したもので，白熱電球に比べ明るく，ランプ効率と色温度が高い．コンパクトな光源で最後まで一定の光を保つ．輝度が高いため，スポットライトに適している．

蛍光ランプ

各種の蛍光物質の中から蛍光特性を選択し，組み合わせることによって，分光分布を変えることができ，昼光色から電球色まで様々な光色が実現されている．三波長域発光形蛍光ランプは色の見えが明瞭で，ランプ効率が高い上に演色性も高い．蛍光ランプは，発光面積が大きく，影の少ない光を得ることができるので，広範囲を一様に照らすのに適している．周辺温度が効率に及ぼす影響が大きく，20℃〜25℃ が最も効率が高い．

HID ランプ（High Intensity Discharge Lamp）

高輝度放電ランプのことで，メタルハライドランプ，高圧水銀ランプ，高圧ナトリウムランプの総称をいう．ランプ効率が高く 1 灯当たりの光束が多いので，明るさの求められる大規模空間で広く使われている．高効率で経済的だが，始動に数分以上かかることもある．

LED 発光ダイオード

LED は，高効率，長寿命に加え，任意の光色および非常に高い演色性を実現できる．紫外線あるいは赤外線の成分を殆ど含まないランプ効率の高い可視発光光源も製作可能．軽量・小型で発熱が少ない．

表4・3 ランプの特徴

光源の種類		発光原理		効率	寿命	演色性	色温度
白熱電球		熱放射		低い	短い	良い	2800K
ハロゲンランプ				やや低い	やや短い	良い	3000K
蛍光ランプ		放電発光	低圧放電	高い	長い	良い	2800K〜7200K
HID ランプ	水銀ランプ HIDの基本型	放電発光	高圧放電	高い	長い	あまり 良くない	3900K
	メタルハライドランプ HIDの演色性改善型					良い	3800K
	高圧ナトリウムランプ HIDの効率重視型					悪い	2100K
LED		電界発光		高い	長い	良い	3500K〜15000K

照明計画

配光分類

　照明器具の光が，どの方向にどれくらいの強さで出ているかを示したものを**配光**といい，ほとんどの光束が下向きのものを直接照明器具，上向きのものを間接照明器具という．直接照明器具は経済的だが，天井面との輝度対比や陰影が強くなりすぎるなどの問題があり，間接照明器具は光の拡散性が大きく柔らかな環境を作る一方，効率が悪いなどの欠点がある．そこで，発散光束の比率を変えた数段階の分類がなされている．照明器具の配光特性を，照明器具の中心を原点とした極座標で示したも

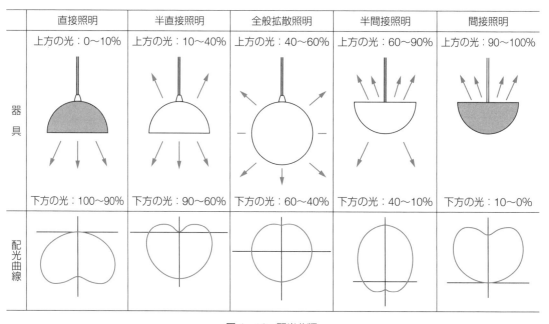

図4・16 配光分類

のを**配光曲線**という.

全般照明方式

室内全体が同じ明るさになるように天井に一定間隔に器具を設置し，空間全体の照度をなるべく均一に保つ照明方法を**全般照明**という．全般照明時における作業面の平均照度に対する最低照度は，0.6 以上が望ましい.

局部照明方式

ダウンライトやスタンドなどで，必要な一部分だけを明るく照らす照明方式を**局部照明方式**という．光が当たっている部分と当たらない部分との明暗の差が大きいため，目が疲れやすい.

タスク・アンビエント照明方式

全般照明（アンビエント照明）で周囲に最低限必要な明るさを確保し，作業面は局部照明（タスク照明）によって照度の不足分を補う併用照明方式を**タスク・アンビエント照明方式**という．全般照明方式に比べて，局部照明の 1/3〜1/10 の照度の全般照明を併用するタスク・アンビエント照明方式は，電力消費量を少なくすることができて経済的であるが，受照面の照度分布だけではなく，輝度分布も考慮することが望ましい.

照度分布

照明による被照面（机上面や床面など）の明るさの分布を示したもので，等照度線で示される（図4・17）．照明器具の水平間隔は，照度分布を考慮して，作業面から照明器具までの高さの 1.5 倍以内としている.

輝度分布

人が見る様々な対象物の明るさの違いと，その空間的な配置関係をいう．室内には明るさの違う様々な対象物があるが，明るさの違いが大きすぎると，目は明るい物に合わせたり暗い物に合わせたり，変化を強いられ疲労する．図4・18 の白っぽい部分ほど輝度が高く，黒っぽい部分ほど輝度が低い.

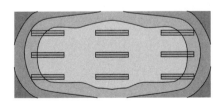

図4・17　照度分布

図4・18　輝度分布

照明の計算

照明設計では，作業面での必要照度を確保するための照明計算が必要である．照度の計算には「**光束法**」と「**逐点法**」がある.

　光束法は，全般照明に用いられる計算方法で，部屋の大きさ，壁面の反射率，天井の高さ，器具台数，ランプ光束などの数値を利用して，**平均照度**を算出する．簡易に平均照度が求められる光束法は，照明設計の基本とされる．一方，逐点法は，局部照明に用いられる計算方法で，照明器具の光度値と器具から計算面までの距離を利用して**受照点照度**を算出する（＝逆二乗の法則と余弦則）．

光束法（平均照度計算）

　光束法は，作業面に入射する光束を作業面面積で割って，作業面の平均的な照度を求めたり，ある照度を得るために必要な光源の数を求めたりするときに使われる計算方法である．計算には機種ごとに室形，天井や壁などの反射率を考慮して算出された照明率表を用いる．作業面平均照度は下式で表すことができる．

$$E = \frac{F \times N \times U \times M}{A} \; \text{〔lx〕}$$

　　E：平均照度〔lx〕　F：照明器具1台の光束〔lm〕　N：器具の台数
　　U：照明率〔－〕　M：保守率〔－〕　A：床面積〔m^2〕

照明率 U

　照明器具のランプが発する全光束のうち，ある面上に達する光束の割合のことで，照明器具の種類や形状，取り付け方法，壁，床，天井の色彩，部屋の間口などの反射率によって異なる．実測をもとにしたデータが必要となり，メーカーは室指数と反射率とを組み合わせた照明率表を示している．照明率は室指数が大きいほど高くなる．

室指数

　間口，奥行き，光源の高さの関係を示す数値．室指数は，光源から作業面までの距離が近く，正方形に近い部屋ほど大きな値となり，照明率も高くなる．

　　室指数 $\dfrac{XY}{H(X+Y)}$

　　X：室の間口〔m〕　Y：室の奥行〔m〕　H：作業面から光源までの高さ〔m〕

保守率 M

　ランプの経年劣化やほこりなどによる照明器具の効率の低下をあらかじめ見込んだ定数．使用ランプ（光束維持率）・状況（ほこりなど）によって異なる．照明器具を設置した後，部屋・器具などは徐々に汚れ始め，ランプの光束も少しずつ低下する．そのため，平均照度にあらかじめ，照度の低下率を含めて算出することが一般的で，この低下率の係数を保守率という．

　　保守率 $M = \dfrac{\text{ある期間使用後の作業面の平均照度}}{\text{初期の作業面の平均照度}}$

制　御

制御には照明用電力節減の効果がある.

昼光利用制御

昼光利用制御とは，室内の明るさを自動検知し，室内に入る自然光に応じて，照明器具の光量を自動制御するシステムである.

初期照度補正制御

室内の設計照度は寿命時の明るさで設定されており，新しい照明器具は設定以上の明るさが出ているため，余分な明るさを自動的に設定照度に保つ働きをする.

人感センサー

赤外線センサーなどによって人の存在を感知し，減光や消灯をする.

解いて理解！

【問題4】　床面積 100 m² の部屋において，イ～ホの条件により計算した視作業面の平均照度に最も近いものは，次のうちどれか.

条件　イ．照明器具：Hf 点灯方式蛍光灯 32 W2 灯用
　　　ロ．照明器具の設置台数：20 台
　　　ハ．32 W Hf 蛍光ランプ（定格出力）の全光束：3500 lm/灯
　　　ニ．照明率：0.65
　　　ホ．保守率：0.7
　　　　1．320 lx　　2．640 lx　　3．750 lx　　4．980 lx

（一級建築士　H 25　学科Ⅱ　No. 16）

【解説】

光束法による平均照度 E〔lx〕は $\dfrac{FNUM}{A}$ の式で求めることができる.

F：3500 lm×2，$N=20$，U 照明率：0.65，M 保守率：0.7，A：100 を当てはめると $E=\dfrac{7000 \times 20 \times 0.65 \times 0.7}{100}=637$ となるため，最も近い値は 640 lx となる.　　　　【解答】（2）

【問題 5】 照明に関する次の記述のうち，**最も不適当なもの**はどれか．

1. 光束法による平均照度計算における照明率は，光源から出た全光束のうち，作業面に到達する光束の割合である．

2. 人工照明により全般照明を行う場合，照度の均斉度は，$\frac{1}{3}$ 程度あればよい．

3. HID（高輝度放電）ランプは，金属蒸気中の放電発光を利用した光源であり，高圧水銀ランプ，メタルハライドランプおよび高圧ナトリウムランプを総称したものである．

4. 室指数は，対象の室の光源の高さにかかわらず，その室の間口と奥行きから求められる．

5. 蛍光ランプのランプ効率は，白熱電球に比べて周囲温度の影響を受けやすい．

（一級建築士　H 27　学科Ⅱ　No. 17 改）

【解説】

1. 照明率に影響を与える要素として，室指数，室内反射率，照明器具の効率および配光がある．

2. 照度の均斉度は，$\frac{\text{作業面の最低照度}}{\text{作業面の採光照度}}$ であり，人工照明の場合は $\frac{1}{3}$ 以上が望ましい．全般照明の場合の作業面の平均照度に対する最低照度は 0.6 以上が望ましい．

3. HID ランプの発光原理は蛍光ランプと同じく放電によるものであるが，違いは**点灯に時間がかかる**ことである．点灯に時間がかかる理由は，点灯させるためには，HID ランプの内部に充填されている水銀を完全に蒸発させる必要があるためである．

4. 室指数は照明設計の対象となる室の形を表し，**間口，奥行きおよび作業面と光源間の距離**で求めることができる．

5. **蛍光ランプは周囲温度によってランプ効率の影響を受けやすく**，一般に 20〜25℃ 程度が最も効率が良いとされる．この範囲より高温でも低温でも効率は低下し，極度に低温の場合には点灯しないこともある．

【解答】　（4）

ここが大事！

＊色温度の高さと色の関係
・色温度が低いと白熱電球のような赤みのある光で，低照度で暖かさが得られる．
・色温度が高いと蛍光ランプの昼光色のような青みのある光で，高照度で爽快さが得られる．
＊演色性の評価方法
・演色性とは，物体色の見え方を決定する光源の性質のことである．
・演色性の評価は，演色評価数が 100 に近いほど良い．
＊ランプの特徴
＊光束法（平均照度計算）

色　彩

5章

5-1 色 彩

色の種類や分類，表色系によって表示方法は様々である．色を使いこなすためには，色の三属性（色相・明度・彩度）をはじめとする基本的な考え方を理解し，それぞれのデータが何を表しているのかを正確に読み取ることが必要である．

色の種類

目に感じる色には，**光源色**と**物体色**の2種類がある（図5·1）.

光源色とは，太陽や人工光源など自ら光を放つものの色のことである．物体色は光を反射または透過する物体の色のことで，リンゴなど物体の表面からの反射によって見える色を表面色，ステンドグラスなどから光を透かして見るときの色を透過色という．

図5·1 色の種類

色のしくみと分類

有彩色と無彩色

色みを持たない白，黒，グレーを無彩色といい，赤や黄，青といった色みを持つ色のことを有彩色という．

色の三属性

色を特定したり，伝えたりするとき，基準となるのが色相，明度，彩度であり，この三つを合わせて**色の三属性**という．属性とは，そのものが元々持っている性質のことをいう．有彩色は三属性すべてを持ち，無彩色は明度のみを持つ．

色 相

赤や黄，青などの色合いのことを**色相**といい，色相を順に環状にしたものを色相環という．

色相は波長によって異なり，色と波長の関係は，青紫（380-430 nm），青（430-490 nm），緑（490-550 nm），黄（550-590 nm），橙（590-640 nm），赤（640-780 nm）である（図5·2）.

明 度

色の明るさの度合いのことを**明度**といい，最も明るい色は白，最も暗い色は黒である．有彩色の明度は，無彩色の明度（グレー段階）に置き換えて表す．明度は波長全体の反射率に関係する（図5·3）.

彩 度

彩度とは，色みの強弱の度合いのことである．各色相の中で最高彩度を持つ純色に，同じ明るさの

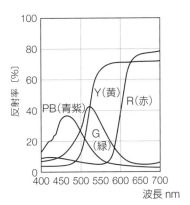

図5・2 色相差の分光分布
（マンセル表色系）

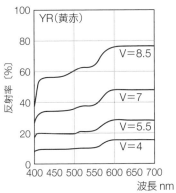

図5・3 明度差の分光分布
（マンセル表色系）

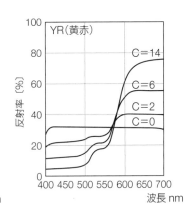

図5・4 彩度差の分光分布
（マンセル表色系）

グレーを加えていくとグレーの割合がどんどん増え，色みの割合が減って彩度が下がる．

彩度が高い色は特定の色の波長の反射率が高い（図5・4）．

三原色と混色

色と色を混ぜ合わせて新たな色を生み出すことを**混色**といい，あらゆる色の元になる三色のことを**三原色**という．混色には，加法混色と減法混色がある．

加法混色

色光の混色で，混色するほど明るくなる．三原色は赤（R），緑（G），青（B）であり，色光の三原色を混色すると白（＝白色光）になる（図5・5）．

減法混色

色料の混色で，混色するほど暗くなる．三原色はシアン（C），イエロー（Y），マゼンタ（M）であり，色料の三原色を混色すると黒に近い色（暗灰色）になる（図5・6）．

図5・5 加法混色

図5・6 減法混色

色の表示

色の表示には様々な方法があるが，大きく分けて，色名を使って表す方法と表色系を使って表す方法がある（図5・7）．

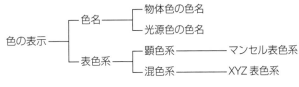

図5・7 色の表示

2編5章

色彩

色名表示

　色名には，系統的に色を分類するための系統色名と，イメージの連想を目的とした慣用色名がある．JIS の物体色の色名では，有彩色の系統色名は「①明度と彩度に関する修飾語＋②色相に関する修飾語＋③基本色名」で構成されており，例えば「<u>明るい</u>　<u>紫みの</u>　<u>赤</u>」のように表示される．慣用色名は，イメージの連想語で成り立ち，レモン色や水色など 168 色が制定されている．

表色系

　記号や数値を使って色を表したり伝えたりするためのシステムを**表色系**といい，顕色系と混色系に分けられる．顕色系は物体色を表すための表色系で，視覚的に等間隔になるように構成された色票が作成されており，代表的なものにマンセル表色系がある．混色系は，光の混色を元にしたもので XYZ 表色系に代表される．

マンセル表色系

　アメリカの画家であり美術教師でもあったアルバート＝マンセルが開発した，顕色系の代表的な表色系であり，JIS を始め，広く産業界で採用されている．マンセル表色系では色相，明度，彩度をそれぞれヒュー（Hue），バリュー（Value），クロマ（Chroma）という．

色相：Hue（ヒュー）

　赤（R）・黄（Y）・緑（G）・青（B）・紫（P）に，その中間色相である黄赤（YR）・黄緑（GY）・青緑（BG）・青紫（PB）・赤紫（RP）を加えた 10 色相を基本色相とし，それぞれの色相に 5R，10R のように番号をつけてさらに色相を分割し，20 色相，40 色相，最大で 100 色相に分割することができる．各色相の代表色相は，5R，5Y のように 5 のつく色相である．色相環の相対する位置にある色同士（赤 R と青緑 BG など）は物理補色の関係となり，混色すると無彩色になる（図 5・8）．

明度：Value（バリュー）

　反射率が 0% の完全な黒（理想の黒）を 0，反射率が 100% の完全な白（理想の白）を 10 とする 11 段階に区分している．明度 5 の視感反射率は約 20% である．

彩度：Chroma（クロマ）

　無彩色の値をゼロとし，彩度が高くなるに従って数値が大きくなる．最高彩度を持つ純色の数値は，色相によって異なり，暖色系（R，YR，Y）が最も高く 14 である．

色表示

有彩色 HV/C ▶ 5R4/14
無彩色 NV ▶ N5
　有彩色では，5R4/14 のように表し，5R が色相，4 が明度，「/」のあとの 14 が彩度である．
　無彩色は，明度を表す数値の前に，無彩色を表す「N」＝ニュートラル（Neutral）を付けて，N5

のように表す.

色立体

色を3次元で立体的に表したものを**色立体**という. 図5・9のようにマンセル表色系の色立体は, 最上部を白, 最下部を黒とする無彩色の軸を中心に置き, 円周上に色相を配し, 中心の無彩色から遠ざかる程, 高彩度色となる. マンセル表色系では, 純色の明度と彩度の数値が色相によってそれぞれ異なるため, 色立体は, 凹凸のある左右非対称な複雑な形をしている.

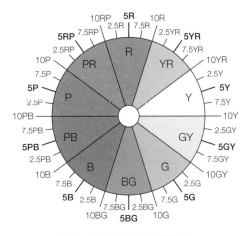

図5・8 マンセル40色相環

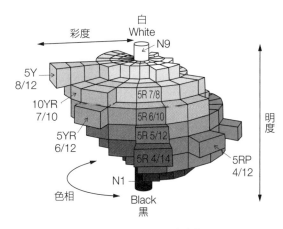

図5・9 マンセル色立体

XYZ 表色系

光の三原色 (RGB) に基づく加法混色をベースにした混色系の表色系で, 光源色および物体色を表すことができる.

すべての色をX (赤), Y (緑), Z (青) の3刺激値によって表示し, Yの値は明るさも兼ねる. 色の表示に用いる色度図には, 三刺激値 (XYZ) を比例配分して, x (赤の割合), y (緑の割合), z (青の割合) を導き, 明るさを示すYの値を併記して [Yxy] で色を表現する. 明るさを示すYの値には, 物体色は視感反射率, 光色は測光量が使われる.

xy色度図は, 物理的に等間隔であるが, 視覚的には等間隔ではない.

xy 色度図の読み取り

色度座標を平面上に示す図を**色度図**という (図5・10). 外周部は波長 (780 nm～380 nm) によって色相を表しており, 右端から反時計周りに赤→黄赤→黄→緑→青緑→青→紫と変化し, 赤に戻ってくる. 外周に近いほど彩度が高く, 中心部 (x＝0.33 y＝0.33の位置) に白色点があり, 無彩色軸に対応する.

x軸 (横軸) の数値が大きくなると赤が強くなり, y軸 (縦軸) の数値が大きくなるほど緑が強くなる. また, x軸とy軸の値が両方とも小さいと青が強くなる. つまり, x＋y＋z＝1であるため, 表示にはないがzの値が大きくなる.

2編5章

色彩

xy 色度図の表示

三刺激値［X＝20　Y＝12　Z＝5］の色を色度図に表示する場合

$$\left[x=\frac{X}{X+Y+Z} \quad y=\frac{Y}{X+Y+Z} \quad z=\frac{Z}{X+Y+Z} \right]$$ に当てはめると

$$x=\frac{20}{20+12+5}=0.54 \quad y=\frac{12}{20+12+5}=0.32 \quad z=\frac{20}{20+12+5}=0.14 \text{ となる.}$$

x と y の値によって、「色相と彩度」がわかる. つまり, x＝0.54　y＝0.32 は, 図 5·10 の色度図にプロットすると鮮やかな赤い色であることがわかる. この xy の値を**色度座標**という.

Y の値と明るさ

xy に, 明るさを示す Y を併記して, Y＝10%　x＝0.54　y＝0.32 と表すと, どんな色かがわかる.

色① Y＝10%　x＝0.54　y＝0.32 と, 色② Y＝20%　x＝0.54　y＝0.32 を比較した場合, 色相と彩度は同じ（色度座標が同じ）であるが, ②の方が Y の数値が大きいので, ①よりも明るい色であることがわかる.

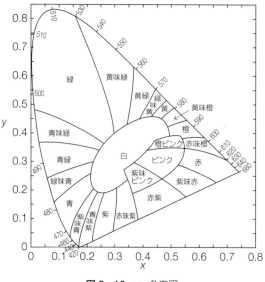

図 5・10 xy 色度図

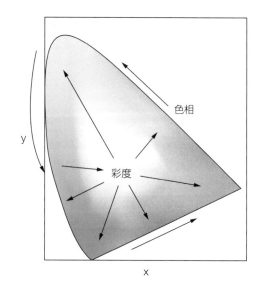

図 5・11 xy 色度図　色相分布と彩度分布

解いて理解！

【問題1】 色彩に関する次の記述のうち，**最も不適当な**ものはどれか．

1. 減法混色は，色を吸収する媒体を混ぜ合わせて別の色を作ることをいい，混ぜ合わせを増やすごとに黒に近づく．
2. XYZ 表色系における三原刺激 X，Y，Z のうちの Y は，光源色の場合，測光的な明るさを表している．
3. マンセル表色系における彩度は，0 から 10 までの数値で表される．
4. マンセル表色系において，「5G7/8 と表される色」よりも「5G8/6 と表される色」の方が明度が高い．

（一級建築士　H 29　学科Ⅱ　No. 8）

【解説】

1. 混色には2種類あり，ひとつは，混色するほど暗くなる**減法混色**で，シアン・イエロー・マゼンタを三原色とする色料の混色である．もう一つは混色するほど明るくなる**加法混色**で，赤，緑，青を三原色とする色光の混色である．
2. 三原刺激値はそれぞれ，X が赤，Y は緑を表すと同時に「明るさ」を，Z は青を表す．**Y は光源色の場合は測光量を，物体色の場合は視感反射率を表す．**
3. マンセル表色系における彩度は，**彩度が高いほど数値が大きく**なり，10 を超える数値もある．赤や黄赤など暖色系の最高彩度は 14 である．
4. マンセル表色系の色表示は**「色相　明度／彩度」の順**であるため，それぞれの色の明度は 7 と 8 である．数値が大きい方が明るいため，明度が高い色は「5G8/6 と表される色」である．

【解答】（3）

【問題2】 色彩に関する次の記述のうち，**最も不適当な**ものはどれか．

1. JIS の物体色の色名における有彩色の系統色名は，基本色名に「明度に関する修飾語」/「彩度に関する修飾語」および「色相に関する修飾語」の3種類の語を付記して色を表示する．
2. 全波長を均等に反射する分光分布を持つ物体を昼間の太陽光のもとで見るとき，その物体の反射率が高いほど，白色に見える．
3. 混色によって無彩色をつくることができる二つの色は，相互に補色の関係にある．
4. マンセル表色系における明度は，光に対する反射率と関係があり，完全な黒を 0，完全な白を 10 として表す．
5. xy 色度図において，x=0，33　y=0，33 で表される色は無彩色である．

（一級建築士　R 01，H 30　学科Ⅱ　No. 8 改）

【解説】

1. 系統色名とは，色をシステマティックに分類するための色名である．JIS の物体色の色名における有彩色の系統色名は，**基本色名に「明度および彩度に関する修飾語」と「色相に関する修飾語」の 2 つの修飾語をつけて色を表示する．**
2. 全波長を均等に反射する分光分布を持つ物体は無彩色である．**反射率の高さは明るさに比例**するので高いほど白に近い明るい色に見える．

3. 混色して無彩色になる色は，**物理補色**の関係にある．

4. マンセル表色系の明度は明るいほど反射率が高くなるが，反射率＝明度の数値とはならないので注意が必要である．**明度 5 で視感反射率 20%** である．

5. xy 色度図において，x＋y＋z＝1 になり，**x＝赤の混色量，y＝緑の混色量，z＝青の混色量**を表している．**x（0.33）も y（0.33）も z（1−0.66 ＝0.34）も同じ値である色は無彩色**である．

【解答】 （1）

ここが大事！

＊色の三属性は全ての基本
　・色の三属性「色相・明度・彩度」が何を表しているのかを理解する．

＊混色の違いと特徴，それぞれの三原色の確認
　・加法混色〜混色するほど明るくなる．三原色：赤，緑，青
　・減法混色〜混色するほど暗くなる．三原色：シアン，マゼンタ，イエロー

＊マンセル表色系は，数値の読み取りがポイント
　・三属性は，H V/C の順に表示．→5Y8/14
　・色相は 1 から 10 までの数字＋色相を表すアルファベット．→<u>5Y</u>8/14
　・明度は 11 段階で 10 に近いほど明るい．→5Y<u>8</u>/14
　　明度≠視感反射率．→明度 5 ＝視感反射率 20%
　・彩度は 0〜14 で，数字が大きいほど彩度が高い．→5Y8/<u>14</u>

＊XYZ 表色系は，XYZ と xyz の違い，色度図の読み取りがポイント
　・X は赤，Y は緑，Z は青で，目に受ける刺激を表す．Y は明るさも兼ねる．
　・xyz は，XYZ の相対比で x は赤の分量，y は青の分量，z は青の分量となり x＋y＋z＝1 となる．
　・xy を平面に表したのが色度図．x＝0.33　y＝0.33 が白色点．

色彩計画

　どんな色をどこにどれくらい使うかによって空間の印象は大きく変化する．色彩心理や視覚効果についての知識は色彩計画をする上で欠かせない．

色の心理的効果

色の感情効果

　色の感じ方は三属性のそれぞれに影響を受ける（表5・1）．

❶　暖色・寒色

　赤，橙，黄は暖かく感じ，青緑や青は冷たく感じる．寒暖は色相の影響による．緑や紫のような暖かさも冷たさも感じない色を中性色という．

❷　進出色・後退色

　暖色系は近づいて見え，寒色系は遠のいて見える．距離感は色相の影響による．

❸　軽い色・重い色

　明度の高い色は軽く，明度の低い色は重く感じる．重量感は明度の影響による．

❹　柔らかい色・硬い色

　明度が高い色は柔らかく，明度が低い色は硬く感じる．柔硬は明度の影響による．

❺　膨張色・収縮色

　明度の高い色は本来の大きさより大きく見え，明度の低い色は本来の大きさより小さく見える．

❻　派手な色・地味な色

　彩度の高い色は派手に感じ，彩度が低い色は地味に感じる．派手地味感は彩度の影響による．

❼　興奮色・鎮静色

　暖色系の高彩度色には興奮作用があり，寒色系の低彩度色には鎮静作用がある．

表5・1　色の感情効果と三属性

	寒暖	進出／後退	軽重	柔硬	膨張収縮	派手地味	興奮／鎮静
色相	●	●					●
明度			●	●	●		
彩度						●	●

色の連想

　色には過去の経験などに基づく連想があり，個人差や地域性による違いはあるが，一般的な傾向も認められており，色からの連想がJIS安全色などにも応用されている（表5・2）．

表5・2 色の連想とイメージ

色	具体的連想	抽象的連想	色	具体的連想	抽象的連想	色	具体的連想	抽象的連想
赤	血 口紅	熱い 危険	青	空 海 水	冷たい 悠久	白	雪 餅 雲	清潔 純粋
黄赤	みかん 太陽	暖かい 陽気	紫	葡萄 菫	高貴 神秘的	灰	曇り 冬	都会的 上品
黄	光 月 レモン	目立つ 注意	ピンク	春 桜	甘い 可愛い	黒	闇 夜 墨	高級な 厳粛
緑	草 森 自然	安全 平和	茶	落ち葉 秋	地味 渋い			

JIS 安全色

JIS（日本産業規格）安全色には，赤，黄赤，黄，緑，青，赤紫に，対比の補助色となる白，黒を加えた8色があり，それぞれマンセル記号が表示されている（表5・3）．

表5・3 JIS 安全色

色	赤	黄赤	黄	緑	青	赤紫
参考値	8.75R5/12	5YR6.5/14	7.5Y8/12	5G5.5/10	2.5PB4.5/10	10P4/10
表示事項	防火 禁止 停止 高度の危険	危険 保安施設	注意	安全 避難 衛生 進行	指示 用心	放射能

色の知覚

　同じ色でも，背景の色によって見え方が異なる．属性が離れて見える場合を対比，属性が近づいて見える場合を同化という．また，対比には隣接した色同士が影響し合い，色が異なって見える同時対比と，先に見た刺激が，次に見る色の見え方に影響を与える継時対比がある．

対 比

（1） 同時対比
❶ 色相対比・明度対比・彩度対比：2色を同時に見た時，本来より色相差，明度差，彩度差が大きく見える現象．背景の色が暗いと，中心の色は本来よりも明るく見え，背景の色が明るいと中心の色は本来よりも暗く見える（図5・12）．

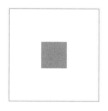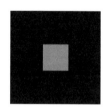

図5・12 明度対比

❷ 補色対比：補色同士を組み合わせた時，互いに鮮やかさが増して見える現象
（2） 継時対比：有彩色の場合，ある色を見つめた後，白い色を見ると，元の色の補色が見える補色残像現象が，無彩色の場合には，明るい無彩色を見つめた後には暗い無彩色が見え，暗い無彩色を見つめた後には明るい無彩色が見えるというように明るさが逆転して見える残像現象がある．

同 化

　2色を見た時，本来より色相差，明度差，彩度差が小さく見える現象．図柄が細い縞などの場合に同化が

図5・13 明度の同化

起こりやすい．縞が白の場合は地の色も白っぽく，縞が黒の場合は地の色も黒っぽく見える（図5·13）．

記憶色

イメージの中の色は，実際の色よりも彩度が高くなる．

誘目性と視認性

❶ 誘目性：目立つかどうかの度合いをいう．色光の誘目性は高い順に赤→青→緑である．

❷ 視認性：遠くから見えるかどうかの度合い，発見しやすさの度合いをいう．黄色と黒のように明度差が大きい組み合わせは視認性が高いため，踏切や工事現場で用いられている．

色の面積効果

同じ色でも面積が大きくなると，明るく鮮やかに見える．大きな面積で使用する色を，小さな色サンプルで選ぶ場合は，注意が必要である．

プルキンエ現象

明所視と暗所視では，視感度のピークが異なり，暗所視では，明所視に比べ感度のピークが短波長側にずれるため，赤が暗く，青が明るく見える現象をいう（第2編第4章参照）．

恒常性と順応

色の恒常性

照明光の条件が変わっても，その照明光の色に影響されることなく，同じ物体は同じ色として知覚される現象のことである．赤いりんごは青い照明の下でも赤く感じられる．

明るさの恒常性

月明かりで見る白い紙と，明るい部屋で見る白い紙は，同じ白い紙であることを知覚することができる．光の量によって対象そのものが本来持っている明度が変化しないことをいう．

明順応・暗順応

明るさや暗さに慣れることを順応という．暗いところから明るいところに移動した時は数分で明順応するが，明るいところから暗いところに移動した時，暗順応に要する時間は30分近くかかる．

色の見え方の分類　心理的色

表面色

通常，物体の表面に現れているもので位置関係や距離などが明瞭に認識できる色の見え方．

面 色

青空のように位置関係や距離感が曖昧で奥行きのない色の見え方のことである.

開口色

面色の一種で，小さな穴を通して見る色のことである．面色と同様に位置や距離が特定できない.

建築の配色と面積バランス

基調色（ベースカラー）

床や壁，天井など面積の大きい部分を**基調色**という．基調色はベースカラーとも呼ばれ，背景色にあたり，低彩度色を中心に用いられる．特に YR 系（黄赤）は素材色も多く，親しみやすく生活空間に馴染みやすい．汚れが目立たず，飽きのこない色であることも重要なポイントである.

配合色（アソートカラー）

空間に変化をつけるため用いる中間の面積の色．屋根や基礎部分，サッシなどに用いられる．基調色に比べてやや彩度が高いものを用いるとバランスが取れる.

強調色（アクセントカラー）

変化を加える役割を持つポイント色．大面積の基調色と対比させて中彩度〜高彩度色を用いる．玄関扉やバルコニーなど外装部分などに少量用いると配色全体が引き締まり効果的である.

分離効果

色と色の関係が曖昧な場合，明度差のある無彩色で分離する方法をセパレーションという．空間を区切りたい場合にも有効な方法である.

▌解いて理解！

【問題3】 色彩に関する次の記述のうち，**最も不適当な**ものはどれか.
1. 床や壁などの色彩計画において，一般に，色見本よりも実際に施工された大きな面の方が，明度彩度ともに低く見える.
2. 日本産業規格（JIS）の「安全色— 一般事項」において，「緑」は「安全状態」および「運行」を表している.
3. 色光の誘目性は，一般に，色相においては赤が最も高く，青がこれに次ぐ.
4. 照明の光がわずかに変化した場合であっても，その光が一様に物体に当たっていれば，色の恒常性により物体の色を同じ色として認識できる.
5. 面色や開口色は，空間的な定位や肌理を感じられない色の見え方である.

【解説】

1. 同じ色でも面積が大きくなると，明度，彩度ともに高く見える．

2. JIS 安全色の項 p. 90 を参照のこと．

3. 色光の誘目性の高さは赤→青→緑の順である．

4. 照明の光が変化しても，同じ色は同じ色として認識できる．

5. **面色も開口色も，位置や距離が特定できない**，たとえば雲ひとつない青空の青さのような色のみが全面に広がっている色の見え方である． 【解答】（1）

【問題 4】 色彩に関する次の記述のうち，**最も不適当な**ものはどれか．

1. 同化現象は，囲まれた色や挟まれた色が周囲の色に近づいて見えることをいう．

2. 視認性は，注視している対象がはっきりみえるか否かに関する属性であり，視対象と背景色との間の明度差の影響を大きく受ける．

3. 明所視において同じ比視感度である青と赤であっても，暗所視においては，赤より青の方が明るく見える．

4. 記憶色（記憶上の色彩）は，一般に，実際の色彩に比べて，彩度・明度ともに低くなる傾向がある．

5. 建築空間において，小面積の高彩度色を大面積の低彩度色に対比させて用いると，一般にアクセント効果が得られる．

【解説】

1. ストライプでは，幅が狭いほど同化現象は起こりやすい．

2. 黄色と黒の組み合わせが最も視認性が高い．

3. 明所視に比べ，暗所視の感度のピークが短波長寄りになるので青の方が明るく見える．

4. 記憶色は，実際の色に比べて，彩度，明度ともに高くなる傾向がある．

5. 面積の大きいベースカラーには低彩度色を，面積の小さいアクセントカラーには高彩度色を使うと，色と面積のバランスが取れる． 【解答】（4）

2編5章

色彩

　ここが大事！

＊三属性と色彩心理（色の見え方，感じ方）の関わり

＊色の象徴と JIS 安全色

＊面積と彩度のバランス

音環境

6章

6-1 音の性質

音は，空気や固体（構造体）を通して伝わる．空気中を伝わっていく音を空気伝搬音（空気音）といい，構造体などの固体を伝わっていく音を固体伝搬音（固体音）という．音は物理現象として示されるが，実際には人間の聴感覚として扱ったほうが現実的である．

ここでは，音の性質について解説する．

音の性質

音波・音圧

図6・1のように音が空気を伝わっていくとき，音の進行方向に向かって，空気が振動したものを**音波**という．音波は大気圧を変動させるため大気圧より高い部分と低い部分ができ，この圧力変動を**音圧**と呼んでいる．

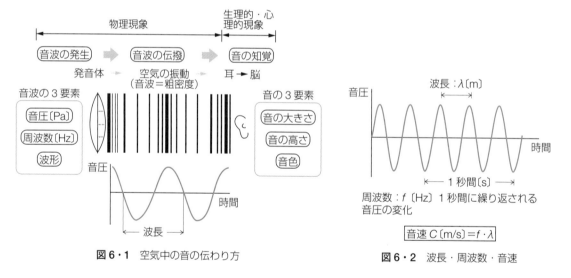

図6・1　空気中の音の伝わり方

図6・2　波長・周波数・音速

$$音速 C〔m/s〕＝f・\lambda$$

波長・周波数・音速

音が空気中を伝わっていく音波は，音圧の粗密が繰り返されており，音圧の変化は図6・2のような波形で示すことができる．波形の谷から次の谷（山から次の山）までの距離を**波長**λ〔m〕といい，1秒間に繰り返される音圧の変化を**周波数**f〔Hz〕という．また，音速C〔m/s〕は次式で表される．

$$C＝f・\lambda〔m/s〕$$

空気中の**音速**は，$C≒331.5＋0.6t$で求められ，気温が高くなるほど速くなる．気温tが15℃の場合，340 m/sとなる．

音の単位

音の物理的単位

❶ **音響出力**：音源から発生する音のエネルギーのことで，単位は W である．

❷ **音の強さ**：音の進行方向に対して直角な単位面積 1 m² を通過する単位時間当たりの音のエネルギーのことで，単位は W/m² である．

❸ **音圧**：音波による大気圧の圧力変動のことで，単位は Pa である．音の強さと音圧の関係は次式で示すことができる．

$$I = p^2 / \rho c \ \text{[W/m}^2\text{]}$$

ここに，I：音の強さ〔W/m²〕　p：音圧〔Pa〕　ρ：密度〔kg/m³〕　c：音速〔m/s〕

ρc（空気の固有音響抵抗≒400）は定数として扱ってよいので，音の強さは音圧の二乗に比例する．

❹ **音響エネルギー密度**：単位体積当たりの音のエネルギーをいい，単位は J/m³ である．

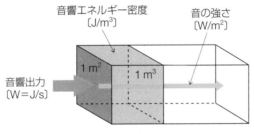

図6・3 音の物理的単位

音のレベル表示

　人間の聴覚は，物理量として音の強さで 10^{-12} W/m²～10 W/m²，音圧で 20 μPa～200 Pa の範囲とされている．また，音圧が 2 倍になっても音の感覚的な大きさは 2 倍にはならない．音の物理量と感覚量の関係は対数に関係する．これを**ウェーバー・フェヒナーの法則**という．

　実際に人間が聞こえる音の大きさを感じとれる最小の物理量を基準として対数（常用対数）で表したものを**レベル表示**といい，単位は **dB**（デシベル）で表す．

❶ **音の強さのレベル**：人間が 1000 Hz の純音を聞き取れる最小の音の強さを $I_0 = 10^{-12}$ W/m² とし，**音の強さのレベル**を表すと次式となる．

$$L = 10 \cdot \log_{10} \frac{I}{I_0} \ \text{[dB]}$$

❷ **音圧レベル**：人間が聞き取れる最小の音圧を $P_0 = 2 \times 10^{-5}$ とし，**音圧レベル**を表すと次式となる．

$$L_p = 10 \cdot \log_{10} \left(\frac{P}{P_0} \right)^2 = 20 \cdot \log_{10} \frac{P}{P_0} \ \text{[dB]}$$

❸ **騒音レベル**：一般的な騒音レベルの測定には，JIS による指示騒音計の A 特性で騒音レベルを測定し，騒音レベル（dB）で表す方法を用いる．単位を分かりやすくするため dBA とすることもある．

表6・1 音の強さ・音圧・レベル（dB）表示

音の強さ〔W/m²〕	10^{-12}	10^{-11}	10^{-10}	10^{-9}	10^{-8}	10^{-7}	10^{-6}	10^{-5}	10^{-4}	10^{-3}	10^{-2}	10^{-1}	1	10
音圧〔Pa〕	2×10^{-5}		2×10^{-4}		2×10^{-3}		0.02		0.2		2		20	
レベル表示〔dB〕	0	10	20	30	40	50	60	70	80	90	100	110	120	130

音のレベル（dB）の合成

ここでは簡易的に求める方法について解説する.

2つの発生音の差（増加分）を図6・4より求め，大きいほうに加算して求める．例えば，$L_1=70\,\text{dB}$ と $L_2=76\,\text{dB}$ の2つの発生音があった場合の合成音は，図6・4より増加分が1dBとなるので，大きいほうの76dBに1dBを加えた77dBとなる．同じ強さの場合は2台で約3dB，4台で約6dBだけ大きくなる．また，2つの音圧レベルが同じ場合は3dBだけ大きくなり，差が15dB以上の場合には，大きいほうの音圧レベルと同じになる.

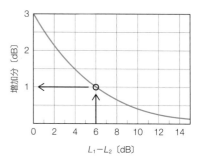

図6・4 レベルの増加分

音の伝搬

音は，音源から放射されて空気中を伝わっていく（空気伝搬音）．音源から放射された音は拡散するため，音の強さは音源から離れるにつれて次第に小さくなる．これを距離減衰という.

音の強さ（レベル）の距離減衰

音が球面状に一様に広がる点音源の場合は，音の強さは，音源からの距離の二乗に反比例するので，音源からの距離が2倍になると，音の強さのレベルは6dB減衰することになる（図6・5）.

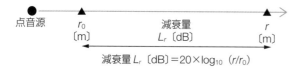

例えば，$r_0=1\,\text{m}$ の場合

r〔m〕	2	4	8	16	32	50
減衰量〔dB〕	6	12	18	24	30	34

減衰量 L_r〔dB〕$= 20 \times \log_{10}(r/r_0)$

図6・5 点音源の音の減衰

音の感覚（聴感）

音を人間の感覚としてとらえると，**音の大きさ**，**音の高低**（調子の高低），**音色**（音質）がある．これを**音の感覚の3要素**という.

音の感覚の3要素

❶ 音の大きさ：同じ音の高さの「ア」という声でも，大きな声の「ア」と小さな声の「ア」がある．これは，同じような波形をしていても，大きな声の「ア」は振幅（**音圧**）が大きく，小さな声の「ア」は振幅（音圧）が小さくなる（図6・6）．

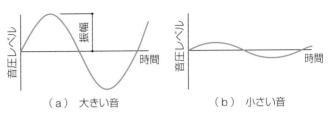

図6・6 音の大きさと波形

❷ 音の高低（調子の高低）：高い音，低い音といっているもので，**音の周波数**の違いから起こる（図6・7）．周波数が高い音はかん高く，周波数の低い音は低く・重々しく聞こえる．

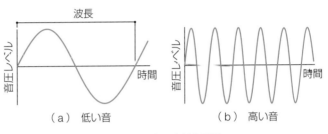

図6・7 音の高低と波形

❸ 音色（音質）：人間は同じ音の大きさ，同じ音の高さで弾かれている楽器の種類を聞き分けることができる．これは，楽器から出てくる**音の波形**が微妙に異なるためである（図6・8）．

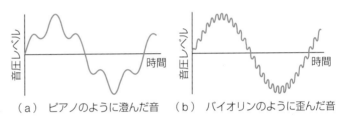

図6・8 音色と波形

人間の聴感覚

❶ 人間の聴感：人間の音の大きさの感覚は，音波の音圧と周波数が関係する．人間の可聴域は，周波数でおよそ 20～20000 Hz，音圧レベルでおよそ 0～120 dB である．一般に，3000～4000 Hz を最大感度として，この範囲から周波数が離れるほど，その音波に対する感度が鈍くなり，同じ強さの音波でも小さい音にしか聞こえない．図6・9は，健康な成人の聴覚特性を示したもので等ラウドネス曲線という．例えば，周波数 1000 Hz・音圧レベル 50 dB と周波数 100 Hz・音圧レベル 60 dB の純音は等しい大きさに聞こえることを示している．

❷ オクターブバンド：ある音の周波数が他の音の周波数の 2 倍のとき，2 倍の周波数の音を 1 オクターブ上の音程という．音楽でいうと「ドレミファソラシド」の始めの「ド」から終わりの「ド」が 1 オクターブの関係である．人間の聴感は音の大きさと調子の高低に関係するので，周波数を分割してその成分を検討することがある．これをオクターブバンド分析という．

音の心理的・生理的効果

❶ マスキング効果：一つの音が他の音によって聞こえにくくなる現象のことで，音の隠ぺい作用ともいう．マスクする音が大きいほど，また，他の音の周波数との差が小さいほど大きくなる．

❷ カクテルパーティ効果：周囲が騒がしい状況においても人間は着目している音だけを聞き分け

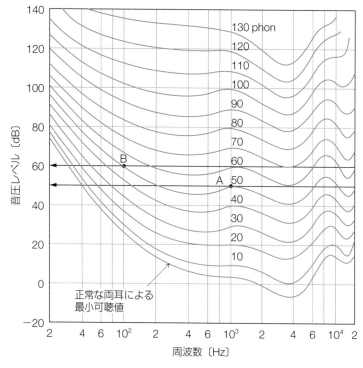

ある音の大きさについて，感覚的に同じ大きさと感じる 1000 Hz の音圧レベル〔dB〕によって表したものを**音のラウドネスレベル**といい，phon（フォン）で表している．

図6・9 等ラウドネス曲線

ることができる現象をいう．例えば，パーティ会場で自分のうわさを聞き分けるのはこの能力によるものである．

騒音と人体への影響

❶ **オージオメータ**：聴力検査機器のことで，人の最小可聴値の基準音圧レベル（0 dB）に対する音（純音）の上昇値（大小の聞こえ方）によって判定する（図6・10）．

❷ **騒音性難聴**：騒音に慢性的に暴露されているうちに進行する難聴のこと．約 4000 Hz 付近での聴力低下を $C^5 dip$（シーファイブディップ）といい，騒音性難聴の初期にみられる．

図6・10 オージオメータ

❸ **会話妨害度**（SIL：Speech Interference Level）：騒音環境を評価する指標で，普通の聴力を持った人間どうしが，イヤホンや拡声器などの器具を用いずに，周囲に騒音がある中でどの程度明瞭に会話ができるかを評価する．

6-2 騒音の遮音と吸音

音に対する感覚は、心理的な影響が大きいため個人差が大きい。例えば、音を発する室と隣接する室の音環境は快適な生活をおくる上で重要となる。したがって、音環境をコントロールする上で室を取り囲む壁・天井・床の音に対する特性を知っておくことが必要である。

遮　音

図6·11に示すように室内で発生した音は、壁に入射し、反射、吸収、透過される。遮音とは音を透過させないことをいう。

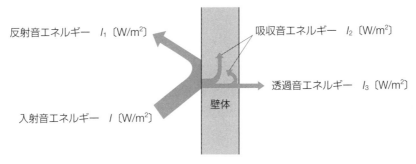

図6·11 音の反射、吸収、透過

透過率・透過損失

❶ 透過率：ある面に音が入射されたときの、入射音エネルギー I〔W/m²〕に対する透過音エネルギー I_3〔W/m²〕の割合を**透過率** τ といい、透過率が小さいほど音が透過しない。

❷ 透過損失（TL：Transmission Loss）：壁体の遮音性能を示す尺度に用いられ、単位はdBである。透過率 τ と透過損失 TL〔dB〕の関係は次のようになる。透過損失が大きいほど壁の遮音性能は高い。

$$TL = 10 \cdot \log_{10} \frac{1}{\tau} \ \text{〔dB〕}$$

❸ コインシデンス効果：ある特定の周波数の音が壁体やガラスに入射したときに、壁体やガラスが共振し屈曲運動が生じて透過損失が減少する現象をいう。コインシデンス効果は周波数が高い場合（中高音域）や音の入射角度が斜めの場合に生じやすい。

図6·12は、一重壁・二重壁の透過損失を示したもので、一重壁より二重壁のほうが透過損失は大きく遮音に有効だが、低音域では一重壁に比べて遮音性能が劣る。また、中低音域の場合、二重壁は両側の板が中空層部分の空気がバネとなって共鳴（共鳴効果）し、透過損失が低下することがある。

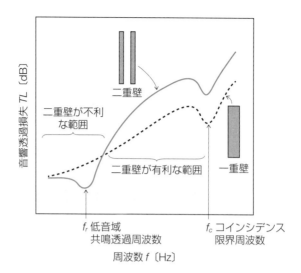

図6・12 一重壁・二重壁の透過損失

吸　音

　音を吸収または透過させて反射させないことを**吸音**という．一般に軟らかく軽い材料ほど吸音しやすく，硬くて重い材料ほど小さい．

吸音率・吸音力

❶　吸音率：ある面に音が投射されたときの，入射音エネルギー I〔W/m²〕に対する吸収音エネルギー I_2〔W/m²〕＋透過音エネルギー I_3〔W/m²〕の割合を**吸音率** α という．音の吸収は，音の持っていたエネルギーが，他の熱エネルギーや運動エネルギーに交換されて行われる．

❷　吸音力：材料の吸音率 α にその面積 S〔m²〕を乗じたものを**吸音力** A〔m²〕といい，単位の m² はメートルセービンと呼ぶ．室内に人間や椅子などがあると吸音力は大きくなる．

吸音材料の効果

❶　多孔質材料：岩綿やグラスウールなどの材料に音が当たると，繊維間の隙間の中での摩擦や小さな繊維振動などによって，音のエネルギーの一部が熱エネルギーに変換される．特に，高音域の音に対して効果がある．

❷　板状材料：合板やフレキシブルボードなどの比較的薄い材料に音が当たると，板が振動を起こし，音のエネルギーが運動エネルギーに変換される．低音域の音に対して効果がある．

❸　穴あき板：有孔ベニヤ材などのように，孔のあいた材料に音が当たると，孔のところで，空気の振動（共鳴）作用が起こる．中音域の音に対して効果がある．板厚，孔の大きさ，孔の間隔が同じであれば，材質に関係なく同様の効果がある．

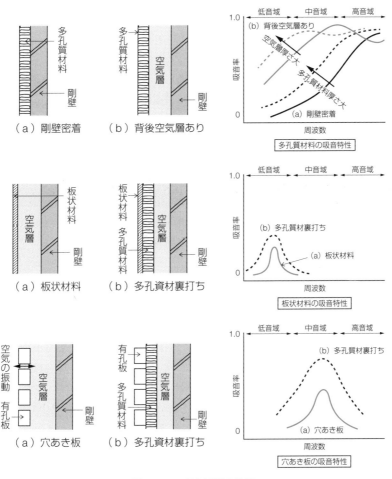

図6・13　吸音材料の効果

2編6章

音環境

壁体や床などの遮音等級

D値とLr値

❶　D値（Sound Pressure Level Difference）：外壁・内壁などの遮音性能を等級で表したもので，等級が大きいほど遮音性能が優れている（図6・14）.

❷　L値（Floor Impact Sound Level）：上階の衝撃音が下階で聞こえる床衝撃音の遮音性能を等級で表したもので，等級が小さいほど遮音性能が優れている.L値には軽量衝撃音(LL)と重量衝撃音(LH)がある（図6・15）.

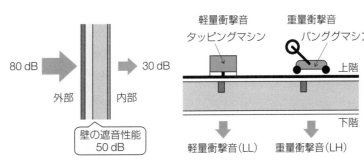

図6・14　壁の遮音性能（D値）

図6・15　床の衝撃音（L値）

103

　室内で音楽を演奏すると，音源から直接伝わる直接音と内壁・天井・床などに反射してから伝わる反射音が重なり合って聞こえる．音楽ホールなどの音響計画では残響を適切に調整する音響計画が必要となる．

残　響

　音源から直接伝わる音を直接音といい，内壁・天井・床などに反射してから伝わる音を反射音という．直接音が聞こえたあと，続けて反射して伝わる反射音を**残響**という．

音響計画に関する基礎知識

❶　反響（エコー）：直接音が聞こえたあと，しばらく時間が経ってから伝わる反射音をいう．

❷　ブーミング現象：小さい室などにおいて，室形状によっては低音域のある特定の周波数に対して共鳴が生じる現象をいう．この現象が生じると室内の音圧分布が著しく不均一となり会話の明瞭度が低下する．ブーミング現象を避けるには，室の形状が直方体の場合は，各辺の寸法比が整数となるのをなるべく避け，黄金比と呼ばれる $(\sqrt{5}-1):2:(\sqrt{5}+1)$ にするとよい．

❸　フラッターエコー：室内の天井や床が平行で，両面を硬い反射材料で仕上げたときに，二重，三重と音が繰り返す（反響する）ことをいう．日光東照宮本地堂の「鳴き竜」はフラッターエコーによるものである．この現象を避けるためには，反射音が一点に集中しないよう壁面や天井面の形状を工夫するとよい．

残響時間

❶　残響時間：音源からの音の発生が止まってから，音の大きさのレベルが 60 dB 低下するまでに要した時間のことをいう．一般に，残響時間は，室容積や周壁などの室内の吸音力に左右される．室容積が大きいほど長くなり，周壁など室内の吸音力が大きい場合や室内に人間や家具などが多い場合は残響時間は短くなる．

❷　最適残響時間：図 6・16 に室用途，室容積別の最適残響時間を示す．音楽室やコンサートホールでは残響を長くして音に豊かな響きを与え，学校の教室などは残響を抑えて声を聞き取りやすくする．また，室容積が大きい室では音量を大きくしなければならないため，反射音を強くする必要がある．

室内の許容騒音

❶　室内騒音の許容値：室内騒音の許容値を表 6・2 に示す．

❷　NC 値（Noise Criteria）：騒音に対してより詳細な検討を行う場合，オクターブバンド分析を行って，周波数別音圧レベルを求める場合がある．実際には図 6・17 に示す NC 曲線を用いて，周波数バンドごとに音圧レベルの上限値を与えて，1 オクターブバンドレベルの音圧を求める．

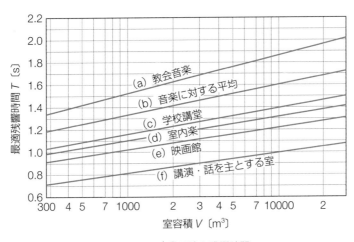

図6・16 室の用途と残響時間

それぞれのバンド（周波数）の結果をNC曲線上に記入し，すべての周波数の音圧レベルが基準上またはこれを下回る場合に，最小の基準曲線を用いてNC値とする．

NC曲線は，図からわかるように，たとえば，2000 Hzの周波数を含む騒音が約35 dBの場合（NC-35と呼ぶ），これと同じうるささを感じる騒音は500 Hzでは約40 dBに相当する．住宅では，NC35～40の曲線の数値以下にすることが望ましい．この方法は，人に与える不快感やうるささの程度を特に配慮した許容値として用いられる．

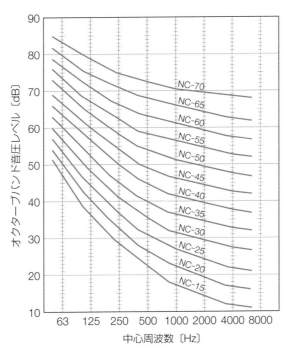

図6・17 ＮＣ曲線（JIS 1502より）

表6・2 室内騒音の許容値（日本産業規格：JISによる）

dB（A）	20	25	30	35	40	45	50	55	60
NC	10〜15	15〜20	20〜25	25〜30	30〜35	35〜40	40〜45	45〜50	50〜55
うるささ	無音感――――――――非常に静か――――――特に気にならない――騒音を感じる――騒音を無視できない								
会話・電話への影響	5m離れてささやき声が聞こえる――10m離れて会議可能――普通会話（3m以内）――大声会話（3m）　電話は支障なし――――電話は可能―――――電話やや困難								
スタジオ	無響室	アナウンススタジオ	ラジオスタジオ	テレビスタジオ	主調整室	一般事務室			
集会・ホール		音楽室	劇場（中）	舞台劇場	映画館・プラネタリウム		ホールロビー		
病院		聴力試験室	特別病室	手術室・病室	診察室	検査室	待合室		
ホテル・住宅				書斎	寝室・客室	宴会場	ロビー		
一般事務室				重役室・大会議室	応接室	小会議室	一般事務室		タイプ・計算機室
公共建物				公会堂	美術館・博物館	図書閲覧	公会堂兼体育館	屋内スポーツ施設（拡）	
学校・教会				音楽教室	講堂・礼拝堂	研究室・普通教室		廊下	
商業建物				音楽喫茶店　宝石店・美術品店	書籍店	一般商店　銀行・レストラン		食堂	

解いて理解！

【問題1】 音の性質に関する次の記述のうち，**最も不適当なもの**はどれか．

1. 人間の知覚可能な音の周波数の範囲は，一般に，20〜20000 Hzである．
2. 同じ音圧レベルの場合，一般に，1000 Hzの純音より125 Hzの純音のほうが小さく聞こえる．
3. 同じ音圧レベルの音であっても，3000〜4000 Hz程度の音が最も大きく聞こえる．
4. 人の可聴周波数の上限は，一般に，年齢が上がるにつれて低下するので，高齢者は周波数の高い音が聞き取りにくくなる．
5. 音が球面状に一様に広がる点音源の場合，音源からの距離が2倍になると音圧レベルは約3 dB低下する．

（一級建築士　H29　学科Ⅱ　No.8）

【解説】 5．音源からの距離が2倍になると音圧レベルは約6 dB低下する．　　　　　【解答】（5）

【問題 2】 遮音と吸音に関する次の記述のうち，**最も不適当なもの**はどれか．

1. 壁体における遮音性能は，音響透過損失の値が大きいほど優れている．
2. 同じ厚さの一重壁であれば，一般に，壁の単位面積当たりの質量が大きいものほど，透過損失が大きい．
3. 透過損失は，同じ壁面であっても，入射する音の周波数によって変化する．
4. 板状材料と剛壁との間に空気層を設けた吸音構造は，一般に，低音域の吸音よりも高音域の吸音に効果がある．
5. 多孔質材料の吸音率は，一般に，低音域より高音域のほうが大きい．

（二級建築士　H 29　学科Ⅰ　No. 9 改）

【解説】 4．高音域の吸音よりも低音域の吸音に効果がある．　　　　　　　　　　**【解答】**（4）

【問題 3】 室内騒音および音響計画に関する次の記述のうち，**最も不適当なもの**はどれか．

1. 残響時間は，音源から発生した音が停止してから，室内の平均音圧レベルが 60 dB 低下するまでの時間をいう．
2. 残響時間は，室容積に比例し，室内の総吸音力に反比例する．
3. 室内騒音の許容値は，一般に，「音楽ホール」より「住宅の寝室」のほうが小さい．
4. 室内騒音レベルの許容値を NC 値で示す場合，その数値が小さくなるほど許容される室内騒音レベルは低くなる．
5. 日本産業規格（JIS）における床衝撃音遮断性能の等級 Lr については，その数値が小さくなるほど床衝撃音の遮断性能が高くなる． （二級建築士　H 26　学科Ⅱ　No. 9 改）

【解説】 3．音楽ホールは NC15〜20，住宅の寝室は NC30〜35 なので，住宅の寝室より音楽ホールのほうが小さい． **【解答】**（3）

〈参考文献〉
- 「初学者の建築講座　建築環境工学（第三版）」，倉渕隆，市ヶ谷出版社（2016）
- 「図説　やさしい建築環境」，辻原万規彦監修，今村仁美，田中美都，学芸出版社（2009）

2編
6章

音環境

振動と防振

7章

7-1　振　動
7-2　防　振

7-1 振　動

　建築設備機器や配管・ダクトの振動が建物の構造体を伝わり遠くの部屋まで伝播したり，あるいは空気を振動させて周囲に伝搬する障害が生じることがある．法的な振動許容値は，振動規制法によるものがあるが，これは工場振動，交通振動，建築工事振動の3つを対象にしている．

振動源

　冷凍機，ポンプ，送風機，空調機などの機器は，振動を発生する**振動源**となり，機器に接続する配管，ダクトは，内部流体の脈動によって配管，ダクト自体が振動源になっている（図7・1）．

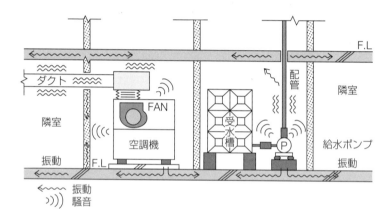

図7・1 機械室からの騒音・振動

振動と周波数

　1秒間の振動数を周波数Hz（ヘルツ）といい，1秒間に繰り返される電気振動の回数のことである．

❶　人間が感じる振動加速度の周波数の範囲は，0.1～500 Hz とされている．

❷　感覚は，鉛直震動，水平振動によっても異なり，鉛直振動で4～12.5 Hz，水平振動で1～2 Hz が最も敏感に感じるとされている．

❸　3～4 Hz より高い周波数は，水平方向に比べて鉛直方向が感じるとされている．

❹　振動感覚は，周波数によって異なるため，その特性を補正し，振動の加速レベルを振動レベル〔dB〕として表している．

❺　振動加速度は，単位時間当たりの速度変化量のことで，m/s^2, cm/s^2, mm/s^2 で表す。

振動の規制

❶　振動レベルの測定は，振動規制法（1977 年施行）に基づき，JISC 1510 に定められた振動レベル計，または同等以上の測定器で行う.

❷　室内の鉛直振動は，床の振動評価基準に定められていて，床の振動数，振動振幅，減衰定数などから，床の振動を評価する.

❸　屋外は，振動規制法で鉛直方向の振動のみを規制対象としている．地表での振動は，鉛直振動の方が水平振動よりも大きいものが多いためである.

表7・1　振動規制・要請基準

基　準	基準震動レベル（dB）		区　域
工場振動規制基準	昼間：60〜65	夜間：55〜60	第1種
（都道府県知事が規定）	昼間：65〜70	夜間：60〜65	第2種
道路交通振動要請基準	昼間：65	夜間：60	第1種
（振動規制法施行規則）	昼間：70	夜間：65	第2種

（注）1）　昼間：5〜8 時から 19〜22 時の間で都道府県知事が定めた時間
　　　2）　夜間：19〜22 時から 5〜8 時の間で都道府県知事が定めた時間
　　　3）　第1種区域：住居地区で静穏の保持を必要とする区域
　　　4）　第2種区域：住居，商業，工場などの地区で，振動の発生を防止する必要がある区域

表7・2　建設作業振動改善基準

作業時間	1号区域	2号区域
作業が出来ない時間	19 時〜7 時	22 時〜6 時
1日当たりの作業時間	10 時間	14 時間
同一場所の作業時間	連続6日	
日曜・休日の作業	禁止	

（注）1）　1号区域：住居地区での静穏の保持を必要とする区域で学校，病院，図書館，老人ホームなどから80 m以内の区域.
　　　2）　2号区域：1号区域以外の振動を防止する住居地区.
　　　3）　振動レベルは 75 デシベル（dB）を超えないこと.

7-2 防　振

　マンションの上の階の足音や物音が気になるのは，足と床の衝突で起きる震動が，床を通じて下階へ固体音として伝播するためである．防振は，その振動エネルギーの伝わりを少なくし，固体音を低減するためのものである．

機器類の基礎

　冷凍機，空調機，ポンプ，送風機，冷却塔，ヒートポンプ空調機の屋外機などの設備機器類の防振は，床上に直接設けるのではなく，コンクリート基礎や架台（鋼材）上に設ける．

❶　コンクリート基礎上に，防振装置を設けることにより躯体への振動を軽減する．

❷　機器と基礎を堅固に取り付けることにより，地震時に機器の移動，転倒を防止する．

❸　機械重量がある場合，基礎により面荷重を軽減する．

❹　基礎により，機器を躯体に固定しやすくする．

❺　基礎の高さにより，床からの浸水・漏水などによる，機械の腐蝕を防止する．

❻　基礎により，台車などの接触による機械の破損を防止する．

コンクリート基礎

❶　コンクリート基礎の形状には，基礎上に設置する機器の種類や用途によって異なるが，べた形基礎や機器の脚部に設ける梁形基礎・独立形基礎などがある（図7·2，図7·3，図7·4）．

❷　屋上基礎の場合は，屋根防水を破らないように，基礎の上まで屋根防水を立ち上げる（図7·5）．

❸　機械室に設けるコンクリート基礎は，無筋や鉄筋コンクリートとし，鉄筋は床コンクリートの鉄筋と溶接するか，また鋼線で緊結する．

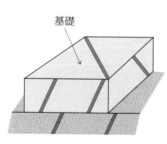

図7·2　べた基礎

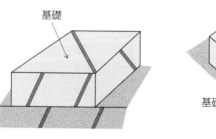

図7·3　梁型基礎（ゲタ基礎）

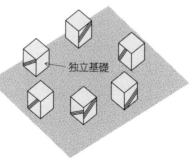

図7·4　独立基礎

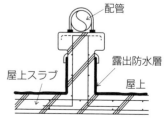

図7·5　屋上基礎

❹ 機械室などで土間床にコンクリート基礎を設ける場合は，土間床と一体化し，土間床の地面を掘り下げたコンクリート基礎とする．

回転機器の加振力

設備機器（振動源）にガタツキや不釣合いがあると，機器往復運動や回転運動をするとき振動が発生する．振動を，床や壁といった外部に伝わらないようにすることを防振という．また，発生した振動が建築躯体を伝わり発生する音を固体伝播音といい，建物内での騒音問題にもなる．

また，機器の特性により，様々な**加振力**が発生する．回転機器の加振力は，次式で表される．

※加振力とは，構造物に振動を加える力のこと．

$F = l \times M \times \omega^2$

ここに，F：加振力〔N〕

l：偏心距離〔m〕

M：回転体の質量〔kg〕

ω：回転角速度〔rad/s〕

防振基礎

防振基礎は，機器の架台とコンクリート基礎の間に，ばね定数の小さい防振材を設けたもので，ばね上の振動系の**固有振動数**を，小さくして基礎への伝達力を減少させるものである．

❶ **固有振動数**を求めるとき，建築物の種類や機器の設置場所から伝達比を選定して，（一般の建築物では 0.05～0.1 程度）これ以下の伝達比になるように求める．

❷ 振動数の大きい機器は，伝達比が小さくなるので，防振基礎に使用する加振力の振動数は軸回転数だけを用いることが多い．

❸ 高層建築の設備機器を中間床や屋上の床に設置する場合，次の点に考慮する．

・設置床は剛体とならないので，床自体で振動を弱める作用も少なくなり，床の**固有振動数**と**伝達振動数**が**共振状態**になると，機械本体と建物に振動障害が発生する可能性がある．

・高層建築の場合は，設置床の弾性を検討して防振材を選定する必要がある．

※ばね定数とは，ばねに負荷を加えた時の荷重を伸びで割った比例定数のこと．

※固有振動数とは，外部からの力を加えなくても，その物体自身が振動を続ける現象（固有振動）の振動数のことで，固有振動数の単位は Hz で表される．

※伝達振動数とは，振動数の音源が 1 秒間に振動する回数のこと．

※共振状態とは，振動体に固有振動数と等しい振動を外部から加えると，振動の幅が大きくなる現象．

防振の留意点

　機器の振動がそれほど大きくなくても，振動しやすい構造体（床，壁，天井など）に配管やダクトが接触し，振動や騒音が発生することが多い．機器の振動を防止するのは，騒音も減らすことにもなる．

❶　防振装置は，小型軽量で振動数が高い送風機に防振ゴム，大型で重くて振動数の低い送風機は，金属ばねが用いられる．

❷　防振装置を用いる機器は，接続する配管，ダクト，配線などはフレキシブル継手などで接続し，防振の障害とならないようにする．

❸　大型送風機，ポンプなどに防振架台（図7・6）を用いると，機械自身の振動が激しくなり破損を起こす傾向があるので，機器の特徴を検討し選定する．

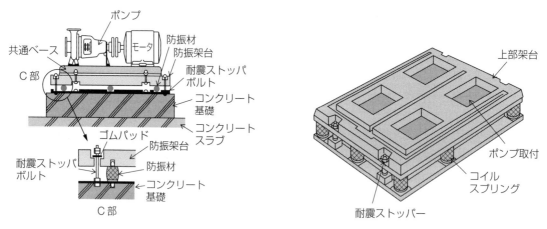

図7・6　ポンプ防振架台

❹　加振力の大きい機器や配管は，建築躯体の中で質量が大きく，剛性の高い柱，大梁，小梁（補強したもの），床（厚さを増築）などに支持，固定する．

❺　設置する機械質量の算定は，機械本体，共通架台，断熱材量，弁，接続する立上がり配管の質量，配管内の流体質量を合計して考慮する．

❻　共通架台に複数台の回転機械を設ける場合，一番回数の低い機器に合わせて共通架台を決める．

❼　天井吊り機器，ダクト，配管の吊り金物は，振動で騒音の原因となることがあるので，必要に応じて防振吊り（図7・7）を考慮する．

❽　機器の振動がケーシングの鉄板などに伝わり，騒音，振動の原因となる場合は，ケーシングに緩衝材を設ける．

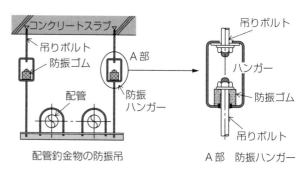

図7・7　配管の防振吊り

防振材料

防振材料は，**ばね定数**が小さく，機械的強度や耐久性のあることが要求される．建築設備機器，配管経路からの振動，個体伝播音の低減対策などの防振材料には，金属ばね（図7・8），防振ゴム（図7・9），防振継手（図7・10），フレキシブル継手（図7・11）がある．

金属ばね

❶ コイルばね（つる巻きばね）が使用され，ばね定数の小さいものができる．ばね定数が小さいほど，防振材の上にある機器の振動は床に伝わりにくくなる．

❷ コイルばねは，固有周波数を防振ゴムより低く設定が可能なので，周波数から検討した場合の防振効果を大きくすることができる．

❸ コイルばねの内部減衰が小さいので，コイルばね内にサージングが起きると，高周波数領域の特定周波数で，防振効果が低下する．これらを，抑えるため，ゴムの中にコイルばねを挿入した防振材が製作されている．

防振ゴム

❶ ばね定数を金属ばねほど小さくできないが，固有振動数5Hz程度以上の防振材料に適してる．

❷ 騒音絶縁性もよく，共振時に減衰比が大きくなって振幅が過大にならない．

❸ 円柱状のものが使用されているが，簡単な防振には防振パッドも使用される．

❹ 形状の製作が自由なので，丸型，角形，円筒型などがある．

❺ 加重の負担方向から，圧縮型，せん断型，複合型，ねじり型などに分類される．

❻ 防振性能は，温度，酸素，オゾン，油脂，化学薬品などによって，耐久性能が低下することがある．

❼ ゴム材質の選定は，取付け場所を考慮する必要がある．

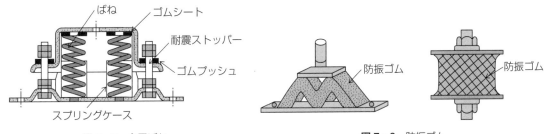

図7・8 金属ばね　　　　　**図7・9** 防振ゴム

防振継手

一般に，**防振継手**をフレキシブル継手と呼んでいるが，これには，防振を目的にしたものと，振動以外の変位量の吸収を目的にしたものがある．

❶ 防振継手の材質は，ゴム製継手として，ポンプの吐出側，吸込み側に設ける（図7・10）．

図7・10 防振継手

115

❷　ポンプなどの回転体機器類の振動伝播を防止する場合は，防振継手をポンプの配管出入口に取付け，振動の伝達を低減させる．

❸　可とう性，耐熱性，耐圧強度のある防振効果の大きいものが用いられる

フレキシブル継手（可とう継手）

❶　ゴム製ベローズの外側にステンレスメッシュを被せたもので，軸に対して直角方向のたわみを吸収するために用いる．（図7・11）

❷　ポンプからの発生騒音や振動は，送水配管の流水音やモータの回転などによるものが大きいので，配管接続箇所はフレキシブル継手で絶縁する．

❸　フレキシブル継手の呼径と最大軸直角変位量により，選定継手の長さが変わる．（図7・12）

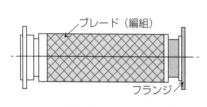

図7・11　フレキシブル継手

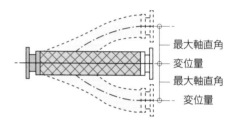

図7・12　最大軸直角変位量

防振トラブル事例

事例1.　ポンプの振動

（1）　状　況

空気調和用の冷温水ポンプの運転を開始してから，1か月ほど過ぎてから，ポンプが振動し騒音を発生するようになった．

（2）　調　査

❶　ポンプと配管は，図7・13の状態で異常に振動していた．

❷　ポンプと配管の間には，球形の防振継手，ポンプと基礎の間には防振ゴムが設置されていた．

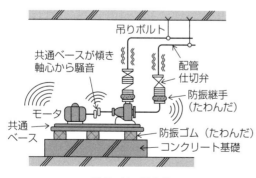

図7・13　改良前

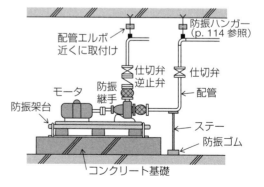

図7・14　改良後

❸ ポンプの共通ベースは，ポンプ側に設けた防振ゴムがモータ側より下がっており，共通ベースが傾いていた．

（3）原 因

立上がり配管の支持が不十分で，配管や仕切弁の重量が防振継手とポンプにかかり，防振継手を圧縮し，共通ベースが傾きポンプの振動および配管に振動と騒音が発生したと考えられた．

（4）対 策

❶ 吸込，吐出しとも，立上がり管の垂直な位置のエルボ直後に配管の支持を取り付けた．

❷ 吸込み側のポンプ直前の横引き管にステーを設けた．

❸ ポンプの共通ベースを防振架台に交換した．

事例 2. 排水立管の振動

（1）状 況

マンションの寝室にいると，排水立管から振動と騒音（排水管内を流れる流水音）が聞こえてきた．

（2）調 査

排水方式は，排水集合管（特殊排水継手）を使った排水立管方式となっていた．

（3）原 因

❶ 排水集合管がコンクリート床に埋め込み固定されているため，流水震動が躯体に伝わったと思われた．

❷ 排水が合流する排水集合管の振動が躯体に伝わったと思われた．

（4）対 策

❶ 排水集合管とコンクリートの隙間に緩衝材を入れて振動の伝播を防止した．

❷ 排水立管の固定金具を防振金具に交換した．

❸ 排水立管と排水集合管に遮音シートを巻いた．

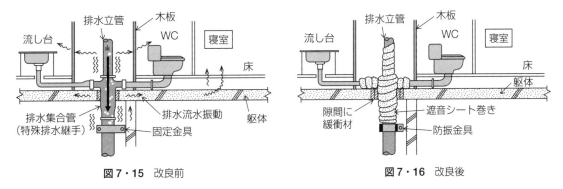

図 7・15　改良前　　　　　　　　　　　図 7・16　改良後

振動に関連する用語

振動用語にはいろいろな用語があるが，いずれも揺れる物への対策のことである．

❶ 「振」と「震」の違い

・「振」は揺り動かすことで，小さい振動現象を表し機械の振動になる．

・「震」は揺れ動くことで，地震などの自然現象の揺れの振動になる．

❷　「防振」

・振動源から振動を防ぐことで，振動を極力少なくし，構造体に伝搬が無いように補強すること．

・振動源の下に防振ゴムや防振スプリングを取り付けることで，機械振動などを縁切りする．

❸　「除振」

・振動により悪影響を受ける機器に床からの振動が，伝わらないようにすること．

❹　「制振」

・制振は振動そのものを押さえ込む技術のことで，例えば楽器のシンバルが振動して音が出ているところを，手や物で押さえると振動は止まり音がしなくなる状態のこと（図7・17）．

❺　「耐震」

・強い構造により，地震の揺れに耐えられるような構造などを補強したもの．

❻　「免震」

・地盤（土台）と建物の間にダンパー（緩衝器）となる絶縁装置を設置して，地震の揺れを減免すること（図7・18）．

❼　「防音」

・音を防ぐこと．

・防音には，吸音，遮音，防振，制振を含めて，防音という言葉を使っている．音漏れ対策をする遮音工事も防音，反響音対策をする吸音工事も防音ということになる．

❽　「吸音」

・発生した音を吸収して小さな音にすることで，音（空気音）が吸音材を通過した際に，吸音材の中で音エネルギーが摩擦による熱エネルギーに変換され音が減衰すること．

❾　「遮音」

・音を遮音材によって遮り，発生した音を閉じ込め，音を跳ね返し，外部からの侵入，外部への漏えいを防ぐ状態のこと．

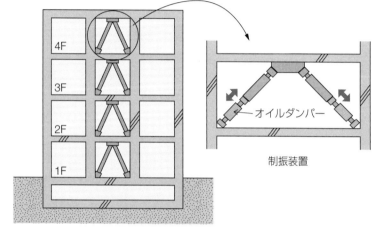

制振装置

図7・17　建築物の制振構造

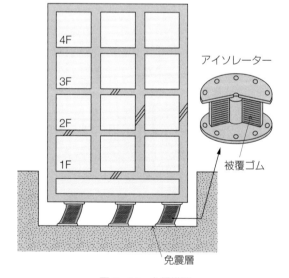

アイソレーター

被覆ゴム

免震層

図7・18　免震構造

解いて理解！

【問題1】 防振に関する記述のうち，**適当でないもの**はどれか．
1. 金属ばねは，高い強制振動数に対して，サージングを起こすことがある．
2. 防振ゴムは，一般に金属ばねに比べて，ばね定数が小さい．
3. 振動伝達率は，防振架台に載せる機器の重量が大きくなると小さくなる．
4. 防振ゴムは，垂直方向だけでなく，水平方向も防振性能を発揮できる．

【解説】 (2) が適当でない．
防振ゴムは，
① **ばね定数を小さく設計することが困難であり**，固有振動数の下限は 4〜5 Hz である．
② 内部摩擦を有するので高周波振動の遮断に有利であり，減衰要素としての機能を有する．
③ 同一のゴムにより，垂直方向のみならず，水平方向や回転方向のばねとして振動絶縁を行うことができる． 【解答】 (2)

語句の説明
※サージング：周期的な変動が継続して起きると，高い振動数域で発生する共振現象．

【問題2】 防振に関する記述のうち，**適当でないもの**はどれか．
1. 金属ばね（コイルばね）は，防振ゴムに比べて，高い振動数における振動絶縁効率が良い．
2. 防振ゴムは，垂直方向だけでなく，水平方向にも防振効果はある．
3. 機器を防振基礎上に設置した場合，機器自体の振動振幅は，防振基礎を使用しない場合より大きい．
4. 防振基礎の固有振動数と設置機器の運転時の振動数が近い場合，防振効果が期待できない．

【解説】 (1) が適当でない．
金属ばねは，
① 防振ゴムと比べると，定数を小さく固有振動数を低くすることができるので，加振力の**振動数が低い**系の防振材として適している．
② 高周波振動の絶縁は防振ゴムに比べて悪い．
③ 減衰係数がほとんど 0 で，共振時における振幅増加が鋭い欠点を持つ． 【解答】 (1)

語句の説明
※振動絶縁効率：防振基礎の設計に使われ，振動数の範囲で起きる振動の伝達を妨げるもので，振動伝達は 1.0 未満にする．

2編
7章

振動と防振

119

腐　食

8 章

8-1　腐食計画

建築物や設備機器などの長寿命化を図る上で腐食に関する知識は必要不可欠である．金属面での腐食には，全面で進行する全面腐食と，一部分に生じる局部腐食がある．

ここでは，腐食の種別やその特性，その発生原因について解説する．

金属腐食の分類

全面腐食は，設計時に金属材料の腐食しろを見込んで肉厚（材料厚さ）を決定することで事前に防止を図ることが可能だが，問題となりやすいのは様々な要因や環境状態で生じる**局部腐食**である．

特に一般的な環境では**電気化学的腐食**と**機械的要素による腐食**が多く，さらに様々な要因によって発生する．

図8・1に金属腐食の主要な分類を示す．

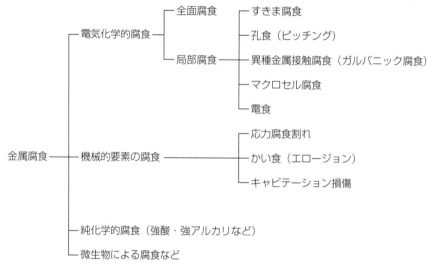

図8・1 金属腐食の分類

金属腐食の一般的傾向

イオン化傾向

イオン化傾向とは，水と接触している金属が電子を金属内に放出して陽イオンとなりやすい傾向をいう．金属のイオン化傾向の大きいものを卑な金属，小さいものを貴な金属と呼んでいる．

イオン化傾向の大きい（卑な）金属ほど腐食しやすく，イオン化傾向の大きな順に，亜鉛，鋳鉄，炭素鋼，銅，ステンレス鋼となる．

液体の影響

金属の配管では，配管内を流れる液体の流速も腐食に大きく影響しており，流速が大きくなると，溶存酸素の供給量が増えることで金属の腐食速度が増加する．

また，液体のpH（水素イオン濃度）も腐食に関連し，pH 4以下では金属材料の不動態被膜が損傷することで腐食が増大する（pH 10以上では腐食は減少する）．

同時に液体の温度が高くなると溶存酸素の拡散が増大するため，腐食速度が増加する．温度が約80℃で腐食速度は最大となり，その後は温度上昇にともない腐食速度は減少する．

電気化学的腐食

電気化学的腐食の種類

金属が電解質水溶液中にあるとき，液体と金属との間に電位を生じることで，金属表面に電位の異なる部分が生じ，局部的な電池作用が働き，流れる電流によって腐食の化学的な反応が促進されることがある（図8·2）．

❶ すき間腐食：金属と金属，あるいは金属と非金属の合わさった，すき間部が優先的に侵食される現象．特にステンレス鋼などの不動態金属で生じやすい．

❷ 孔食（ピッチング）：酸化被膜で覆われた金属表面が塩化物イオンなどの作用によって局部的に壊され，針孔のように深く腐食する現象．

❸ 異種金属接触腐食：イオン化傾向の大きな（卑な）金属とイオン化傾向の小さな（貴な）金属が水中や湿度の高い環境で接触することで，陽極となるイオン化傾向の大きな（卑な）金属が腐食する現象．たとえば，銅の材料に鉄製のビスを使用すると，鉄材料の方が腐食する．

　　ガルバニック腐食，とも呼ばれている．

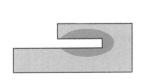
①すき間腐食

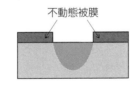
②孔　食

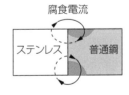
③異種金属接触腐食

図8·2 電気化学的な腐食

❹ マクロセル腐食：土中埋設の金属材料で，土質の異なる環境を貫通している場合，通気性の良い部分と悪い部分で腐食電池を形成し，通気性の悪い部分が腐食する現象．

　　建物の土中コンクリート構造体を金属配管が貫通する部分で，コンクリート中の鉄筋に電気的な接続が生じると，その電位差によりマクロセル腐食が起きやすい．マクロセル，とは電池を意味する．

❺ 電食（迷走電流腐食）：外部の電源から漏出した電流が埋設金属材料に流れ込むことで腐食する現象．

　　特に，直流電気軌道の近くに地中埋設された金属配管は迷走電流による腐食を生じやすい．

機械的要素の腐食

機械的要素の腐食の種類

❶ **応力腐食割れ**：残留応力や引っ張り応力を受けた金属材料が，特定環境の中でひび割れを起こしながら腐食する現象．

ステンレス鋼材の溶接部分が，溶接時の残留応力の影響で腐食する例がある．

❷ **かい食（潰食）**：高速流体のせん断応力で表面の被膜が取り除かれ，金属材料の素地が電気化学的に腐食される現象．

金属配管内の液体の流速が速い場合，金属配管の屈曲部分で生じやすい．馬蹄形の腐食損傷跡を残す特徴があり，エロージョンとも呼ばれる．

①応力腐食割れ　　　　②かい食

図8・3　機械的要素の腐食

❸ **キャビテーションによる損傷**：キャビテーションによって生じた気泡の崩壊圧損傷による現象．

キャビテーションとは，高速で流れる液体の中での低圧部分が気化（液体が気体に変わる）して蒸発し，気泡を発生させることをいう．特にポンプ内で生じやすい．

解いて理解！

【問題1】　金属の腐食に関する次の記述のうち，**最も不適当なもの**はどれか．
1. 腐食しやすい金属はイオン化傾向が小さく，腐食しにくい金属はイオン化傾向が大きい．
2. 鉄は pH 4 以下では不動態被膜が溶解して腐食が増大するが，pH 10 以上では水酸化物の溶解度が減少するため腐食も減少する．
3. 鋼管の腐食速度は，温度が約 80℃ で最も大きくなり，その後温度の上昇にともない減少する．
4. 一般に，流速が速くなると腐食が増大するが，ある流速域では金属表面が不動態化して腐食が減少する．
5. 地中埋設された鋼管が鉄筋コンクリートの壁を貫通する場合，コンクリート中の鉄筋に電気的な接続を生じると，電位差によりマクロセル腐食を起こす．

【解説】　亜鉛や鉄などの腐食しやすい金属はイオン化傾向が大きく，銅や金などの腐食しにくい金属はイオン化傾向が小さい．

【解答】　（1）

【問題2】 金属の腐食に関する次の記述のうち，**最も不適当なもの**はどれか.

1. 直流電気軌道の近くに地中埋設された鋼管は，迷走電流による腐食が生じやすい.
2. 亜鉛や鉄など電気化学的に腐食を起こしやすい金属は，イオン化傾向が大きい.
3. 異種金属を水中で接触させた場合，陽極となる金属が腐食する.
4. コンクリート中の鉄は，土に埋設された鉄より腐食しにくい.
5. 残留応力や引っ張り応力を受けた金属材料が，ひび割れを起こしながら腐食する現象をエロージョン（かい食）という.

【解説】 かい食（エロージョン）は，比較的速い流れがある場合に金属材料が受ける局部腐食である. 設問は応力腐食割れによる現象である. 　　　　　　　　　　　　　　　　　　　　【解答】（5）

【問題3】 金属の腐食防止に関する次の文中，（　　）内に当てはまる語句として，**適当なもの**はどれか.

　建築物に使用される鋼材は，鉄よりもイオン化傾向が大きい（　　）で表面を被覆することにより腐食を防止している.

1. 亜鉛
2. ニッケル
3. 錫［すず］
4. 銅

【解説】 鋼材の腐食防止のために多用されているのは亜鉛メッキであるが，これは亜鉛による酸化被膜が空気や水を通しにくい安定した性状を持っているからである.

　また，亜鉛は鉄よりもイオン化傾向が高く，亜鉛メッキに損傷が生じて素地の鉄が露出した場合でも，損傷周囲の亜鉛が電気化学的に保護するため，鉄を腐食させない作用がある. 　　　【解答】（1）

金属の標準電極電位（25℃，pH＝0 の
水溶液中，標準水素電極基準） （抜粋）

貴卑	金属およびイオン		電位〔V〕
卑	アルミニウム	(Al³⁺)	−1.676
(陽)	亜鉛	(Zn²⁺)	−0.763
	鉄	(Fe²⁺)	−0.44
	ニッケル	(Ni²⁺)	−0.257
	錫	(Sn²⁺)	−0.138
○	水素（基準）	(H⁺)	0.00
貴	銅	(Cu²⁺)	0.337
(陰)	銅	(Cu⁺)	0.52

2編8章

腐食

125

その他
建築を取り巻く環境

9章

9-1 水質汚濁

建物に関係する「水の汚濁」を考えると,「建物に入る水」,「建物内で使う水」,「建物から出る水」と三分類され,それぞれで水質基準を守るための汚染防止について学ぶ.

建物に入る水

水道水

水道水は,飲用することのみでなく,料理,食器の洗浄,洗濯,風呂,トイレなどに使用され,使用者の生活になくてはならないものである.水道水の安全性を確保することは,使用者の健康を守るために重要なことである.この水質が浄水場から配水されて建物の入り口に設置されている量水器まで維持されなければならない.

例えば,遊離残留塩素濃度について図 9・1 に示すとおり,配水管内において管壁での物質移動,水中での化学反応,給水管の付着物との反応によって水質の劣化が考えられる.浄水場出口では遊離残留塩素濃度 1.0 mg/L 程度から建物の入口に設置されている量水器で遊離残留塩素濃度 0.6 mg/L 程度まで先に述べた諸要因によって減少するが,これ以上に減少しないよう維持管理が必要である.

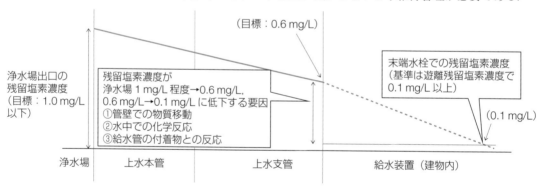

図 9・1 浄水場から給水装置間の遊離残留塩素濃度減少要因

他の水質基準も同様に建物の入口でも水道水の水質基準を保持しなければならないことになっている.井戸水も水道水の水質基準を堅持することになる.

建物内の水

建築基準法による配管などの水質汚染防止

建築物に設ける飲料水の配管設備(水道法第 3 条第 9 項に規定する給水装置に該当する配管設備を除く.)の設置および構造は,下記の示す建築基準法施行令第 129 条の 2 の 5 に定めるところによらなければならないとなっている.

・飲料水の配管設備とその他の配管設備とは，直接連結させないこととなっている．図9·2は水質の汚染の防止を目的としたクロスコネクション規定である．

・水槽，流しその他水を入れ，または受ける設備に給水する飲料水の配管設備の水栓の開口部にあっては，これらの設備のあふれ面と水栓の開口部との垂直距離を適当に保つなど有効な水の逆流防止のための措置を講ずることとなっている．図9·3は吐水口空間を堅持する規定である．

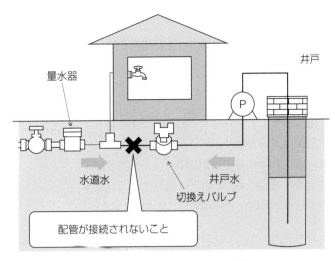

図9・2　クロスコネクションの例

・飲料水の配管設備の構造は，次に掲げる基準に適合するものとして，国土交通大臣が定めた構造方法を用いるものまたは国土交通大臣の認定を受けたものであることとなっている．いわゆる配管設備から汚染物の溶出することがないよう不浸透質であることが規定されている．

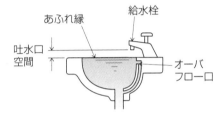

図9・3　吐水口空間の例

イ　当該配管設備から漏水しないものであること．

ロ　当該配管設備から溶出する物質によって汚染されないものであること．

・給水管の凍結による破壊のおそれのある部分には，有効な防凍のための措置を講ずることとなっている．

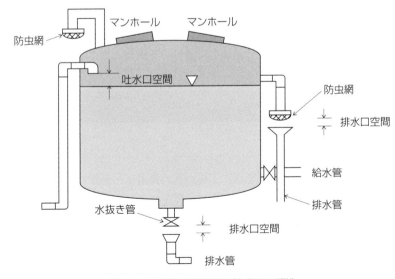

図9・4　外部から有害物が入らない構造

129

・給水タンクおよび貯水タンクは，ほこりその他衛生上有害なものが入らないように図9・4に示す構造とし，金属性のものにあっては，衛生上支障のないように有効なさび止めのための措置を講ずることとなっている．

グリース阻集器

油分を多く含む料理などの排水などを直接に建物内の排水管に流すと配管内壁にスライム（ヌルヌル状の物）が付着して排水管を閉塞することになる．そのため図9・5に示す装置で油分を阻集してから下流の排水管に流す．

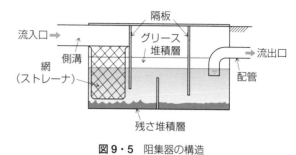

図9・5 阻集器の構造

再利用水

排水再利用水処理装置への水洗便所排水，厨房排水，手洗い排水，風呂排水などは，再利用の用途先の水量バランスによって原水の採用が決まる．利用先は水洗便所の洗浄水に利用されることが一般的であり，水洗便所以外の利用は細菌学的な見地から難しいのが現状である．水景施設への利用用途を拡大するために原水から水洗便所排水を除く手法も考えられる．また，屋上に降った雨水を貯留して水洗便所洗浄水や散水にも利用することもできる．

建築物衛生法における維持管理

人の飲用，炊事用，浴用その他人の生活のために水を供給する場合（旅館における浴用を除く）は，水道法第4条の水質基準に適合する水を供給しなければならない．その他，厚生労働大臣が定める「空気調和設備等の維持管理及び清掃等に係る技術上の基準」に従い，維持管理に努めなくてはならない．

特定建築物内に飲料水を供給する場合は，「空気調和設備等の維持管理及び清掃等に係る技術上の基準」にしたがい，それぞれの建築物が独自に給水設備を設置して建築物内に給水する場合は，建築物所有者自身が水質の管理をすることになる．たとえば，図9・5の給水口で遊離残留塩素が0.1 mg/L以上を維持することになる．また，グリース阻集器の管理や排水再利用施設の管理も「空気調和設備等の維持管理及び清掃等に係る技術上の基準」に基づいて行われることになる．

建物から出る水

下水道処理区域内

下水道処理区域内においては住宅，事務所，工場からの排水は，通常では下水道へ放流する．下水道排除基準以上となると除害施設を設置して下水道へ放流することになる．ただし，下水道管理者によって除害施設の規制は異なっている．

下水道区域外

汚水は**下水道区域外**であれば，水洗便所排水はコミュニティ・プラント（合併処理）で処理する

か，浄化槽に処理するかになる．平成13年4月以降は，水洗便所からの汚水のみを処理する単独処理浄化槽を設置出来なくなったので，すべて合併浄化槽となっている．

除害施設

下水道排除基準より高い汚水は建物内で一度処理してから下水道へ放流することになる．特に厨房排水でBOD濃度が高く，油分が多い場合は，除害処理装置で処理してから下水道へ放流することになる．

解いて理解！

【問題1】　下記の給排水の水質に関して○×で答えなさい．
1. 排水再利用水は，人の健康にかかわる被害の防止のため，大腸菌が検出されない場合であっても，飲料水として使用することはできない．
2. 分流式排水は，建築物内の排水設備においては「汚水」と「雑排水」とを別系統にすることをいい，公共下水道においては，「汚水及び雑排水」と「雨水」とを別系統にすることをいう．
3. 雨水排水管と汚水排水管とを別系統で配管した建築物において，公共下水道が合流式であったことから，雨水排水と汚水排水とを屋外の排水ますで同一系統とした．
4. 循環式の中央式給湯設備において，レジオネラ属菌の繁殖を防ぐために，貯湯槽内の湯の温度を60℃以上に保つこととした．　　　　　（一級建築士　R01　学科Ⅱ　No.15改）

【解答】　1.○，2.○，3.○，4.○

ここが大事！

＊油分の多い排水はグリース阻集器で油分を阻集することが必要である．
＊排水再利用処理装置の原水は，建物内で生じるすべての排水が対象となる．用途は飲用には絶対使用できない．水景施設，散水，清掃に用いる場合は，細菌類が多く存在している水洗便所排水は避ける方が無難である．
＊排水の合流と分流の定義は，建築分野と下水道分野で異なる．

建築分野　　分流式　汚水と雑排水を別系統　　　雨水は別系統……3系統
　　　　　　合流式　汚水と雑排水を合流させる　雨水は別系統……2系統
下水道分野　分流式　汚水および雑排水と雨水を別系統………………2系統
　　　　　　合流式　汚水および雑排水と雨水を合流………………1系統
＊水洗便所排水のみを処理する浄化槽は設置できない．すべて合併浄化槽となる．

2編9章　その他建築を取り巻く環境

131

安心・安全さらには感染症予防の観点から「水の質」を維持することが重要なことである．ここでは，飲料水，浴槽水，空調機器の水，排水，さらには建物から排出された先の環境の水について学ぶ．

建物に入る水

水道水

水質基準項目は，図9・6に示すとおりヒトの健康の保護の観点から設定された項目31項目と生活利用上障害が生ずるおそれの有無の観点から設定された項目20項目からなっている．

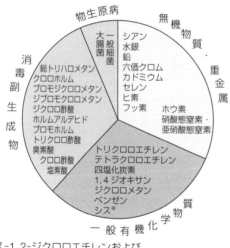
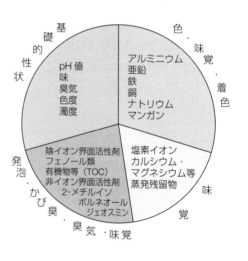

図9・6 水道水の水質基準の概要

（1） ヒトの健康の保護に関する項目の値の算出根拠[※1]

ア．毒性に関する閾値

❶ 動物試験などで求めた毒性の影響がない最大値より，個体差，動物と人との差を考慮し，ヒトへあてはめたときの毒性の影響がない値（許容1日摂取量）を求めている．

❷ 食物，空気など他の暴露源からの寄与を考慮して，許容1日摂取量に水道水による暴露割

※1 厚生労働省健康局水道課水道水質管理室：水道法水質基準等の設定の考え方について
http://www.mhlw.go.jp/stf/shingi/.../2 r9852000000 ypu6.pdf（参照日 2020208）

合 10％と，ヒトの平均体重 50 kg を乗じて，ヒトが1日に飲料する水の量2Lで除して，評価値を算出している．

　イ．毒性に関する閾値がない項目

　遺伝子傷害性や発がん性を有するなど，毒性に関する閾値がない項目は，その物質を生涯摂取した場合，10万人に1人の割合で発がん性などのリスクを生じる濃度を評価値としている．

（2）　水道水が有すべき性状に関する項目の値の算出根拠[1]

　生活利用上，支障のないレベルとする．

建物内の水

水道水末端の水栓口の水質

　建築物衛生法に規定される「建築物環境衛生管理基準」に従って当該特定建築物の維持管理をしなければならない．遊離残留塩素は配管末端の水栓口で 0.1 mg/L 以上が検出されてることとなっている．測定は7日に1回とし，他は水質基準に照らし合わして6月に1回，または1年に1回の測定となっている．

皮膚接触

❶　プール水の水質基準：遊泳用プールや学校プールは一度に多くの遊泳者が快適で衛生的に利用できるように，表9・1に示す水質基準で定められている．pH，濁度，過マンガン酸カリウム消費量を維持することが重要である．なお，細菌類の増殖を抑制する目的で，消毒剤として一般的には塩素を用いることから，消毒副生成物（総トリハロメタン）も検査の対象となっている．

表9・1　プール水の水質基準[2],[3]

項　目	厚生労働省 遊泳用プール 水質基準（平成19年5月）	文部科学省 学校水泳プール 水質判定基準（平成21年3月）
色　度	―	―
水素イオン濃度（pH値）	5.8～8.6	5.8～8.6
濁　度	2度以下	循環ろ過装置出口 0.1～0.5度以下
過マンガン酸カリウム消費量	12 mg/L 以下	12 mg/L 以下
遊離残留塩素	0.4～1.0 mg/L 以下	0.4～1.0 mg/L
二酸化塩素	0.1～0.4 mg/L 以下	―
亜塩素酸	1.2 mg/L 以下	―
大腸菌群	不検出	不検出
一般細菌数	200 以下（CFU/mL）	200 以下（CFU/mL）
総トリハロメタン（暫定目標値）	0.2 mg/L 以下	0.2 mg/L 以下

※2　厚生労働省：遊泳プールの衛生基準
※3　厚生労働省生活衛生局通達：公衆浴場における水質基準等に関する指針

❷ **公衆浴場の維持管理基準**：温泉・銭湯などの公衆浴場では，表9･2に示す公衆浴場における水質基準等に関する指針の中で，浴槽水の水質検査しなければならない．特に，浴槽水が原因のレジオネラの感染事例もあり，毎日の衛生管理と定期的な水質検査が大切となる．

表9･2 公衆浴場の浴槽水内の水質基準[※4]

濁 度	5度以下
有機物等 （過マンガン酸カリウム消費量）	25 mg/L 以下
大腸菌群	1 CFU/mL 以下
レジオネラ属菌	10 CFU/100 mL 未満
検査頻度	ろ過器未使用・毎日完全換水…1回/年 連日使用…2回/年 （ただし，塩素消毒以外の場合…4回/年） 検査結果は3年間の保存すること 基準を超えた場合，知事に届出が必要

機器の保持

冷凍空調設備を構成する冷凍空調機器の性能，効率および寿命の保持，並びに低下の防止を目的に，スライム障害・腐食障害が生じないように社団法人日本冷凍空調工業会がガイドラインで水質を規定している．特に冷却水が菌類で汚染されている場合，冷却塔で蒸発した際に菌類をエアロゾルとして大気中に飛散するために，レジオネラ症に罹患する危険性がある．レジオネラ属菌については「新版レジオネラ症防止指針」（厚生労働省監修）により規制基準が定められている．したがって，冷却塔への補給水は上水の水質が原則とされているため，雨水や排水再利用水は使用が敬遠されている．

排水再利用・雨水利用

排水を再利用する水や雨水を使用する水は表9･3に示すように，利用先の散水用水，水景用水，清掃用水と水洗便所の使用で水質項目に異なりがある．

表9･3 排水再利用・雨水利用の水質基準[※5]

項 目	散水用水，水景用水，清掃用水	便所洗浄水
水素イオン濃度（pH値）	5.8以上 8.6以下	5.8以上 8.6以下
臭 気	異常でないこと	異常でないこと
外 観	ほとんど無色透明であること	ほとんど無色透明であること
遊離残留塩素	給水栓の水で 0.1 mg/L 以上であること （結合残留塩素の場合は 0.4 mg/L 以上）	給水栓の水で 0.1 mg/L 以上であること （結合残留塩素の場合は 0.4 mg/L 以上）
大腸菌群	検出されないこと	検出されないこと
濁 度	2度以下であること	―

※4 文部科学省：水泳プールに係る学校環境衛生基準
※5 空気調和設備等の維持管理及び清掃等に係る技術上の基準

下水道処理区域内の下水道への放流

下水道処理区域内では事業所から排水を下水道へ流す場合，処理場の処理への影響，さらには下水道施設の損傷を防止することで，排除基準内で排出しなければならない．通常排除量 50 m³/日以上については表 9・4 に下水道排除基準を処理可能項目，施設損傷項目について示す．

表 9・4　下水道排除基準（35 項目中 10 項目示す）

処理困難項目	基準項目	基準値
処理可能項目	アンモニア性窒素，亜硝酸性窒素および硝酸性窒素含有量	380 mg/L
	生物化学的酸素要求量	600 mg/L
	浮遊物質量	600 mg/L
	窒素含有量	240 mg/L
	リン含有量	32 mg/L
	水素イオン濃度（pH 値）	5～9
	ノルマルヘキサン抽出物質含有量（鉱物類）	5 mg/L
	ノルマルヘキサン抽出物質含有量（動植物油脂類）	30 mg/L
施設損傷項目	温度	45℃
	ヨウ素消費量	220 mg/L

排　水

❶　浄化槽からの放流水の基準：建設省告示 1292 号の告示区分における処理性能（BOD，T-N，T-P など）が規定されている．

❷　下水道からの放流水の基準：下水道法施行令第 6 条により規定されている．

環境基準

河川，湖沼，海域などの水の保全のため定められたものである．有機物については，環境基準の濃度が排水基準の濃度に対して 1/10 倍から 1/100 倍程度で定められている．すなわち BOD 濃度の環境基準が 1 mg/L であれば，排水基準が 10 mg/L から 100 mg/L となっている．この根拠は河川や海域に汚染物質が放流された後，希釈や沈殿作用を考慮している．毒性のある物質や重金属については，環境基準の濃度が排水基準の濃度に対して 1/10 倍程度であるが，毒性の強いアルキル水銀は両方の基準とも検出されないとなっている．

> **ここが大事！**
>
> ＊冷却塔への補給水は上水が原則とされているため，雨水や排水再利用水は使用できない．
> ＊排水基準は環境基準を保持するための基準である．
> ＊排水再利用や雨水利用の水質は，利用先が水洗便所の場合は濁度が水質基準の対象となっていない．
> ＊レジオネラ属菌の水に関する規制は公衆浴場，冷却塔，加湿装置，水景施設に適用されている．
> ＊遊離残留塩素は配管末端の水栓口の濃度が 0.1 mg/L 以上となっている．

9-3 防火・防災

防火は火災による被害の防止や軽減することであり，防災は大規模・高層の建築物などにおいて，地震その他の災害による被害を軽減させることである．

超高層建築物における防火・防災

中央部に光庭となる**ボイド空間**[6] を設けた超高層集合住宅において，ボイド空間を取り囲む開放廊下を避難経路とする場合には，煙の拡散を防ぐために下層部分または，側面に給気口を設けて煙突効果を利用して空気の流れを良くしてボイド空間の煙を希釈する必要がある．

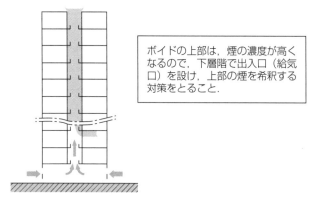

ボイドの上部は，煙の濃度が高くなるので，下層階で出入口（給気口）を設け，上部の煙を希釈する対策をとること．

図9・7 ボイド型建築物の煙突効果を利用した排煙

超高層建築物においては，設備シャフトや吹抜けなどの屋内の延焼経路や，開口部を介した屋外の延焼経路を遮断する計画を行うこと．また，吹抜けに面する通路は，吹抜けを経由した延焼の拡大や煙汚染を防止するための防火シャッターは，手摺の通路側ではなく吹抜け側に設けること．

木造建築物における防火・防災

大断面集成材を用いた木造建築物において，通常の火災により建築物全体が容易に倒壊するおそれのない構造とするためには，主要構造部の柱および梁に適切な燃えしろを見込んだ燃えしろ設計が有効である．

建築物に使用するアカマツ，ケヤキなどの木材は，一般に，約260℃に達すると引火し，約450℃に達すると自然に発火する．

等価可燃物量は，可燃物発熱量が等価な木材の重量に換算した可燃物の量である．

$$等価可燃物量＝\frac{可燃物の発熱量}{木材の発熱量}×可燃物量（可燃物の重量）$$

※6　ボイド型とは，集合住宅の計画において，真ん中のコア（核となる部分をいい，階段やエレベーターがある部分）に続く共用廊下の中央に吹き抜けを配し，外向きに住戸が併置する形式のことである．

火災室からの流動速度

火災室から廊下や隣室へ流出する煙の水平方向の**流動速度**は，0.5～1.0 m/s である．

火災室で発生した熱を伴った煙は，階段室に流入すると，一般に，3～5 m/s 程度の速さで上昇する．

縦長の窓と横長の窓の火炎の噴出による危険性

縦長の窓に比べて横長の窓のほうが噴出する火炎が外壁から離れにくく，幅広く火炎が噴出するので上階への延焼の危険性が高くなる．

縦長窓 　　　　　　　　　　　横長窓

図 9・8　縦長の窓と横長の窓の危険性

避難方式や避難通路など

水平避難方式は，一つの階を複数のゾーン（防火区画や防煙区画）に区画し，火災の発生時に，火災の発生していないゾーンに水平に移動することによって安全を確保する方法である．

避難路は，通常，火災発生時には，エレベーター，エスカレーターは避難用として利用することはできない．階段が最も重要な避難路となる．階段はどの方向からも 2 方向避難できる位置に設置し，屋内・屋外を問わず 2 か所以上設けること．

避難時に利用する階段室への出入口の有効幅員は，流動係数を考慮し，階段の幅より狭くする．

防火扉は，火災や煙の伝播拡大を防ぐために，自動的に閉鎖する機構とする．

その他の防火・防災

・病院の手術室，ICU（集中治療室），NICU（新生児集中治療室），未熟児室などは，**籠城区画**[7] として防災計画すること．

・**層間区画**は，上下階の延焼拡大を防止するために，耐火構造や準耐火構造の，スラブなどの水平方向の部材や外壁の**スパンドレル**[8] などの垂直方向の部材により形成するものである．

・天井，壁などの内装材料を不燃化することは，火災時に**フラッシュオーバー**[9] に至るまでの時間を長くするための対策である．

※7　籠城区画とは，壁や扉を耐火性にし，手術室などを他の場所から区画してしまうこと．
※8　スパンドレルとは，防火のための設備として設置される壁のことをいう．
※9　フラッシュオーバーとは，爆発的に延焼する火災現象のことをいう．

2編9章　その他建築を取り巻く環境

解いて理解！

【問題2】 建築物における防火・防災に関する次の記述のうち，**最も不適当なもの**はどれか．

1. 水平避難方式は，一つの階を複数のゾーン(防火区画や防煙区画)に区画し，火災の発生時に，火災の発生していないゾーンに水平に移動することによって安全を確保する方法である．
2. 火災室で発生した熱を伴った煙は，階段室に流入すると，一般に，3〜5 m/s 程度の速さで上昇する．
3. 中央部に光庭となるボイド空間を設けた超高層集合住宅において，ボイド空間を取り囲む開放廊下を避難経路とする場合，煙の拡散を防ぐために下層部分からボイド空間への給気を抑制する必要がある．
4. 等価可燃物量は，可燃物発熱量が等価な木材の重量に換算した量である．

(一級建築士 H28 学科Ⅱ No.5)

【解説】 煙の拡散を防ぐために下層部分または，側面に給気口を設けて煙突効果を利用して空気の流れを良くして**ボイド空間の煙を希釈する**． 【解答】（3）

【問題3】 建築物における防火・防災に関する次の記述のうち，**最も不適当なもの**はどれか．

1. 防火扉は，火災や煙の伝播ぱ・拡大を防ぐために，自動的に閉鎖する機構を有する．
2. 「層間区画」は，上下階の延焼拡大を防止するために，耐火構造や準耐火構造の，スラブなどの水平方向の部材や外壁のスパンドレルなどの垂直方向の部材により形成するものである．
3. 火災室から廊下へ流出した煙の水平方向の流動速度は，3〜5 m/s である．
4. 建築物に使用するアカマツ，ケヤキなどの木材は，一般に，約260℃に達すると引火し，約450℃に達すると自然に発火する． (一級建築士 H30 学科Ⅱ No.5)

【解説】 火災室から廊下へ流出した煙の水平方向の流動速度は，**0.5〜1.0 m/s** である． 【解答】（3）

【問題4】 建築物における防火・防災にする次の記述のうち，**最も不適当なもの**はどれか．

1. 縦長の窓は，横長の窓に比べて噴出する火炎が外壁から離れにくいことから，上階への延焼の危険性が高い．
2. 病院の手術室，ICU，NICUなどは，籠城区画として計画することが望ましい．
3. 不特定多数の者が利用する大規模量販店などにおいて，売場の避難出口の扉は，廊下などの有効幅員に配慮しつつ，外開きにすることが望ましい．
4. 避難時に利用する階段室への出入口の有効幅員は，一般に，流動係数を考慮し，階段の有効幅員よりも狭くする． (一級建築士 R01 学科Ⅱ No.5)

【解説】 縦長の窓に比べて，**横長の窓の方が**噴出する火炎が外壁から離れにくいことから，**上階への延焼の危険性が高い**． 【解答】（1）

9-4 環境・設備

　第1編第1章でも，建築環境の用語を記してあるが，ここでは，よく建築士試験の環境・設備問題に出題されている事柄について学ぶことにする.

建築物のエネルギー消費性能

　一次エネルギーとは，加工されない状態で供給されるエネルギーで，石油，石炭，原子力，天然ガス，水力，地熱，太陽熱などをいう.

　二次エネルギーとは，一次エネルギーを転換・加工して得られる電力，都市ガスなどをいう.

・「**建築物のエネルギー消費性能の向上に関する法律**」に基づく省エネルギー基準の適否の判断には二次エネルギーの消費量で決められる.

・建築物の二次エネルギー消費量を一次エネルギー消費量に換算して同じ単位で比べた場合，二次エネルギー消費量は一次エネルギー消費量よりも小さくなる.

・**ZEH**（**Net Zero Energy House**）は，快適な室内環境を保ちながら，一年間で消費する住宅の一次エネルギー消費量の収支がゼロとなることを目指した住宅のことをいう.

・**建築物省エネルギー性能表示制度**（**BELS**）は，第三者評価機関が建築物の省エネルギー性能を評価し認証する制度で，性能に応じて5段階の星の数などで表示されるものである.

・BELSにおける**省エネルギー性能指標**（**BEI**）は，値が小さいほど建築物の省エネルギー性能が高いと判断される.

・**再生可能エネルギー**は，自然界に存在し繰り返し再生利用できるエネルギーのことであり，そのエネルギー源としては，太陽光，風力，水力，地熱，バイオマスなどがある.

・**eマーク**（**省エネ基準適合認定マーク**）は，建築物が建築物エネルギー消費性能基準に適合していることについて，所管行政庁から認定を受けたことを示すものである.

CASBEE

　キャスビー「**建築環境総合性能評価システム**」は，建築物のライフサイクルを通じた評価，建築物の環境品質と環境負荷の両側面からの評価および建築物の環境性能効率BEEでの評価という三つの理念に基づいて開発されたものである.

　キャスビーにおいて，建築物建築物の設備システムの高効率化評価指標として用いられる**ERR**（**一次エネルギー消費量の低減率**）は，「評価建物の省エネルギー量の合計」を「評価建物の基準となる一次エネルギー消費量」で除した値である.

$$ERR＝\frac{評価建物の省エネルギー量の合計}{評価建物の基準となる一次エネルギー消費量}$$

　キャスビーにおける**BEE**（**建築物の環境性能効率**）の値が大きいほど建築物の環境性能が高いと判断される.

解いて理解！

【問題5】 環境・設備に関する次の記述のうち，**最も不適当なもの**はどれか．
1. 再生可能エネルギーは，自然界に存在し繰り返し再生利用できるエネルギーのことであり，そのエネルギー源としては，太陽光，風力，水力，地熱，バイオマスなどがある．
2. 冷凍機に使用される代替冷媒のフロン（HFC）は，オゾン層破壊係数はゼロではあるが，温室効果ガスの一種である．
3. コージェネレーションシステムの原動機としては，ガスエンジン，ディーゼルエンジン，ガスタービンなどが使用される．
4. エレベーターの電力消費は，電力回生制御の有無により変化するが，巻上機のギアの有無には影響されない．
（一級建築士　H 28　学科Ⅱ　No. 20）

【解説】 巻上機のギア（減速機）が有るとエレベーターの**電力消費は大きくなる**．　　　【解答】（4）

【問題6】 環境・設備に関する次の記述のうち，**最も不適当なもの**はどれか．
1. 建築物の二次エネルギー消費量を一次エネルギー消費量に換算して同じ単位で比べた場合，二次エネルギー消費量は一次エネルギー消費量よりも大きくなる．
2. 建築物の省エネルギー基準における年間熱負荷係数（PAL＊：パルスター）は，値が小さいほど建築物の外皮の熱性能が高いと判断される．
3. 建築物省エネルギー性能表示制度（BELS）における BEI（Building Energy Index）」は，値が小さいほど建築物の省エネルギー性能が高いと判断される．
4. 建築環境総合性能評価システム（CASBEE）における「BEE（Built Environment Efficiency）」は，値が大きいほど建築物の環境性能が高いと判断される．
（一級建築士　H 27　学科Ⅱ　No. 20）

【解説】 建築物の二次エネルギー消費量は一次エネルギー消費量よりも小さくなる．　　　【解答】（1）

【問題7】 環境・設備に関する次の記述のうち，**最も不適当なもの**はどれか．
1. ZEH（Net Zero Energy House）」は，快適な室内環境を保ちながら，一年間で消費する住宅の一次エネルギー消費量の収支がゼロとなることを目指した住宅のことをいう．
2. 「CASBEE－建築（新築）」における評価は，「設計一次エネルギー消費量」を「基準一次エネルギー消費量」で除した数値で判定される．
3. 「BELS（建築物省エネルギー性能表示制度）」は，第三者評価機関が建築物の省エネルギー性能を評価し認証する制度で，性能に応じて5段階の星の数などで表示される．
4. 「e マーク（省エネ基準適合認定マーク）」は，建築物が建築物エネルギー消費性能基準に適合していることについて，所管行政庁から認定を受けたことを示すものである．
（一級建築士　H 29　学科Ⅱ　No. 20）

【解説】 2. 設問は，BEI（省エネルギー性能指標）であり，「CASBEE－建築（新築）」における評価は，**BEE（建築物の環境性能効率）**で，**「建築物の環境品質・性能」を「建築物の外部環境負荷」で除した数値**である。　　　【解答】（2）

索　引

サ 行

建築環境工学の知識　編集委員会

146

図解 建築環境工学の知識

2020 年 10 月 25 日　　第 1 版第 1 刷発行

編　　者　建築環境工学の知識　編集委員会
発 行 者　村 上 和 夫
発 行 所　株式会社 オーム社
　　　　　郵便番号　101-8460
　　　　　東京都千代田区神田錦町 3-1
　　　　　電話　03(3233)0641(代表)
　　　　　URL　https://www.ohmsha.co.jp/

© 建築環境工学の知識　編集委員会 2020

印刷 中央印刷　製本 協栄製本
ISBN978-4-274-22607-6　Printed in Japan

本書の感想募集　https://www.ohmsha.co.jp/kansou/
本書をお読みになった感想を上記サイトまでお寄せください。
お寄せいただいた方には、抽選でプレゼントを差し上げます。